글 안드레아 미놀리오

과학 전문 글 작가로서, 특히 어린이에게 전하는 글을 많이 써 왔어요. 이탈리아에서 발행되는 어린이를 위한 과학 잡지 《포커스 주니어》에서 편집장도 지냈어요. 복잡한 과학 지식을 쉽고 명료하게 전달하면서도 그 속에 담겨 있는 반짝이는 아이디어를 잘 살려 내어 독자들의 폭넓은 사랑을 받고 있습니다.

그림 라우라 파넬리

이탈리아에서 태어나 프랑스에서 활동하고 있는 그림 작가예요. 시리아 폴레티 경연 대회에서 8~12세를 위한 최고 그림책상을, 루카 주니어 대회에서 심사위원 특별상을 받았어요.

번역 김지우

이탈리아에서 어린 시절을 보내고 대학에서 이탈리아어를 공부한 뒤 이탈리아 대사관에서 일하고 있어요. 《어른들의 거짓된 삶》, 《히틀러의 음식을 먹는 여자들》, 《우리는 모두 그레타》, 《알프스 늑대 루피넬라 이야기》를 비롯한 여러 책을 우리말로 옮겼습니다.

감수 최원형

환경과 생태에 관한 글을 쓰고 소통하는 환경 생태 커뮤니케이터예요. 《라면을 먹으면 숲이 사라져》, 《선생님, 기후 위기가 뭐예요?》 등을 썼고요. 여름 숲에서 만난 유리새의 아름다운 소리를 다음, 그다음 세대도 계속 들을 수 있길 바라는 마음으로 글을 쓰고 소통합니다.

Scopriamo i cambiamenti climatici
© 2021, Dalcò Edizioni Srl
Via Mazzini n. 6 - 43121 Parma
www.dalcoedizioni.it - rights©dalcoedizioni.it
All rights reserved
Korean translation rights © 2021 Wonderbox
Korean translation rights are arranged with Dalcò Edizioni Srl through AMO Agency Korea.

이 책의 한국어판 저작권은 AMO 에이전시를 통해 저작권자와 독점 계약한 원더박스에 있습니다.
저작권법에 의해 한국 내에서 보호를 받는 저작물이므로 무단 전재와 무단 복제를 금합니다.

미래를 바꿔 나갈 어린이를 위한
기후 위기 안내서

2021년 3월 24일 초판 1쇄 발행
2023년 5월 4일 초판 3쇄 발행

글 안드레아 미놀리오 · **그림** 라우라 파넬리
번역 김지우 · **감수** 최원형
펴낸이 류지호
편집 이상근, 김희중, 곽명진 · **디자인** 최선미
펴낸 곳 원더박스 (03169) 서울시 종로구 사직로10길 17, 301호
대표전화 02-720-1202 · 팩시밀리 0303-3448-1202
출판등록 제2022-000212호(2012. 6. 27.)

ISBN 979-11-90136-39-6 (73400)

- 잘못된 책은 구입하신 서점에서 바꾸어 드립니다.
- 독자 여러분의 의견과 참여를 기다립니다. ✉ wonderbox13@naver.com
- 스마트폰으로 QR코드를 스캔하면 도서 목록으로 연결됩니다.

미래를 바꿔 나갈 어린이를 위한
기후 위기 안내서

안드레아 미놀리오 글
라우라 파넬리 그림
김지우 옮김
최원형 감수

차례

뜨거워지는 지구를 어떻게 식힐까? ▷▷▷ 4
바닷물이 차오르면 어디서 살지? ▷▷▷ 8
숲이 줄어들면 우리도 위험해져 ▷▷▷ 12
도시는 지구를 뜨겁게 만들어 ▷▷▷ 16
북극곰의 친구가 되어 줄래 ▷▷▷ 20
생명체들에겐 너의 관심이 필요해 ▷▷▷ 24
태풍이 점점 세지는 이유를 아니? ▷▷▷ 28
고래는 플라스틱 장난감을 싫어해 ▷▷▷ 32
이 닦을 때도 지구를 사랑해 줘 ▷▷▷ 36
스마트폰이 공기를 오염시킨다고? ▷▷▷ 40
산호는 시원한 바닷물이 필요해 ▷▷▷ 44
고기를 덜 먹으면 지구가 시원해져 ▷▷▷ 48
물의 다이어트를 어떻게 도울까 ▷▷▷ 52
산불이 점점 거세지고 있어 ▷▷▷ 56
적게 사고 오래 써야 하는 이유 ▷▷▷ 60

감수자의 말 ▷▷▷ 64

뜨거워지는 지구를 어떻게 식힐까?

지구의 기온은 평균 15°C였어. 15°C면 지나치게 낮지도 높지도 않아서 새로운 생명이 탄생하기에 딱 좋은 온도라고 해. 다른 행성은 지구처럼 운이 좋지는 못했어. 수성만 해도 평균 기온이 무려 170°C나 된대. 뜨거운 오븐 안에 있는 것과 다를 바 없지. 게다가 낮과 밤의 기온 차가 무려 500°C나 되고.

지구 기온이 온화한 것은 지구를 둘러싸고 있는 대기 덕분이야. 대기는 햇빛을 걸러서 지구가 팔팔 끓지 않게 해 줄 뿐 아니라, 지구를 따뜻하게 덮어서 우주의 냉기로 인해 얼어붙지도 않게 해 주지.

현대적인 방식으로 기온 관측을 시작한 1880년 이후 지구는 점점 더워졌어(지구 온난화). 그래서 지금 지구의 평균 기온은 1880년보다 1.1°C나 올랐지. 게다가 1998년부터는 지구 평균 기온이 해마다 오르고 있어. 과학자들은 지구의 기온이 올라간 게 대부분 온실가스 때문이고, 그 책임은 온실가스를 배출한 인간에게 있다고 생각해. 지금 지구는 우리가 몸이 아파서 열이 났을 때와 비슷한 상태야. 아프면 치료를 받아야겠지?

과거와…

지난 80만 년 동안 대기 속에 들어 있는 이산화탄소 양의 평균은 계속해서 변해 왔지만, 공기 분자 100만 개 안에 들어 있는 이산화탄소 분자의 수가 300개를 넘은 적은 한 번도 없었어. 하지만 1950년 이후부터는 그러지 않게 되었지.

과거 지구 평균 기온은 자연재해로 인해 수없이 오르내렸어.

왜 지구 온난화를 막아야 할까?

 지구 온도가 올라가면 계절에 따른 기후가 변해서 식물이 꽃을 피우는 기간이 길어지고 선선한 기간은 짧아져. 그 결과 어떤 농작물은 기르기 힘들어질 수 있어.

 지구 온도가 올라가면 땅과 바다에 사는 수많은 동물이 서식지를 옮겨야 하고, 그중에 어떤 동물은 멸종할 수도 있어.

 지구 온도가 올라가면 산불이 날 위험이 커져. 게다가 산불이 나면 어마어마한 양의 이산화탄소가 뿜어져 나오지.

 지구 온도가 올라가면 인간과 농작물에 해로운 곤충이 지금은 기온이 낮아서 살지 못하는 지역에서도 살 수 있게 돼.

…현재

지난 20년(2001~2020)은 관측 이래 가장 더운 기간이었어.

1950년부터 2020년 사이, 공기 분자 100만 개 속 이산화탄소 분자 수는 412개로 가파르게 올라갔어.

전문가들은 2100년이면 지구 평균 기온이 1880년보다 2°C에서 5°C까지 오를 수 있다고 말해.

온실 효과란 무엇일까?

1. 대기
대기는 우리가 사는 지구를 감싸고 있는 공기층이야. 여러 가지 기체로 이루어진 대기는 햇빛을 걸러 주는 필터 역할을 하지. 햇빛 중 일부는 대기를 통과하고 일부는 우주로 되돌아가.

2. 태양에서 온 에너지
대기를 통과한 햇빛 중에서 일부는 어디론가 사라져. 나머지는 빙하, 눈, 물, 풀잎, 모래에 반사되기도 하고, 바다와 땅에 흡수되어 바다와 땅을 따뜻하게 데우기도 하지.

태양

3. 지구에서 내뿜는 에너지
태양만 열기를 내뿜는 건 아냐. 지구도 우주를 향해 열기를 내뿜어. 지구의 열기가 고스란히 우주로 빠져나가지는 않아. 일부는 대기 때문에 우주로 나가지 못하고 남아서 지구를 온화하게 만들어 주지. 이때 온실 유리처럼 열기가 빠져나가지 못하게 막는 기체가 바로 온실가스야.

우리가 할 수 있는 일

세계 여러 나라의 어린이와 청소년 들은 인류와 지구의 미래를 위해서 나라가 더 적극적으로 나서 주기를 요구하고 있어. '기후를 위한 등교 거부 운동'을 시작한 스웨덴 청소년 그레타 툰베리가 바로 그런 인물이지.

기후 변화를 막기 위해 우리가 평소에 할 수 있는 일은 아주 많아. 예를 들면 머나먼 곳에서 운송해 온 과일 대신 가까운 곳에서 난 제철 과일만 먹어도 기후 변화를 늦출 수 있어. 과일을 살 때 생산지를 꼼꼼히 확인하거나 농부에게서 직접 사면 과일을 운반할 때 배출되는 매연을 줄여서 공기가 오염되는 것도 줄일 수 있지.

4. 온실가스

그런데 사람들이 석탄이나 석유와 같은 화석 연료를 사용하기 시작하면서 지나치게 많은 온실가스가 대기로 쏟아져 나오고 말았어. 열기를 가두는 온실가스가 늘어나는 바람에 결국 지구 온도가 올라가게 된 거야.

열기

오존 구멍

대기에는 오존이라는 기체가 많이 모여 있는 오존층이 있어. 오존은 보호막 역할을 해 주는 기체야. 태양에서 나오는 해로운 자외선을 걸러 주지. 1980년대에 과학자들은 지구의 선크림과 같은 이 오존층이 점점 얇아지고 있고 그로 인해 기후에 심각한 문제가 생길지도 모른다는 사실을 알게 됐어.

결국, 1987년에 많은 나라의 대표들이 모여서 오존층에 구멍을 내는 가스의 사용을 금지하기로 했어. 바로 냉장고나 스프레이에 사용되던 염화플루오린화탄소(프레온 가스)지. 그래서 어떻게 됐냐고? 2000년대 이후 오존 구멍은 커지지 않았고, 2017년 들어서는 오히려 작아지기 시작했어. 대기에 난 상처가 아물기 시작한 거지.

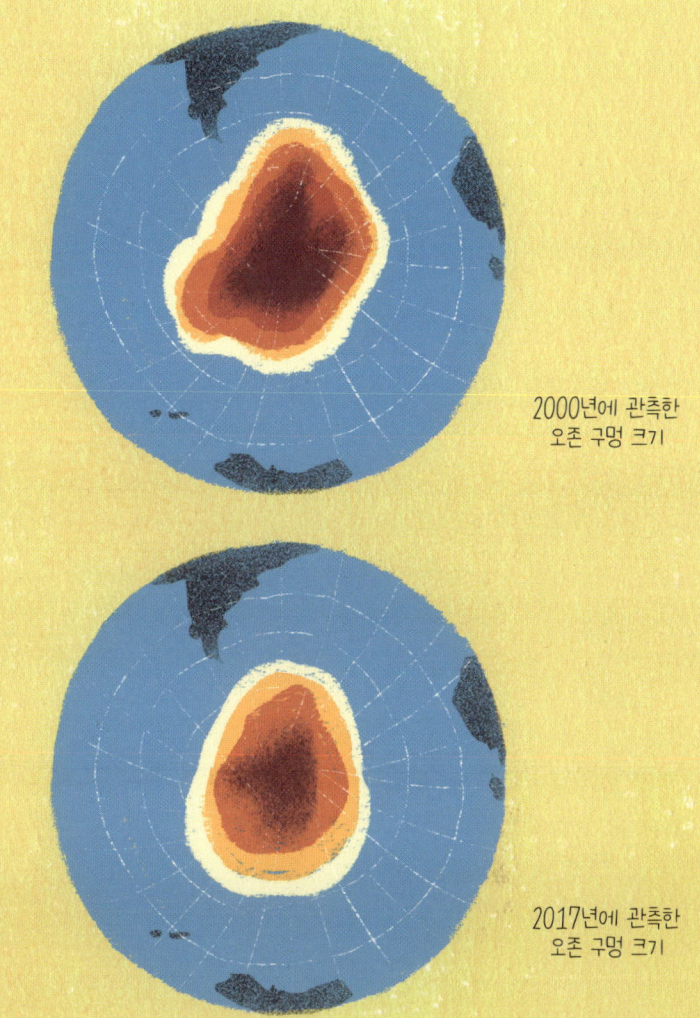

2000년에 관측한 오존 구멍 크기

2017년에 관측한 오존 구멍 크기

지금 하고 있는 노력

2015년, 세계 195개 나라 지도자들이 프랑스 파리에 모여서 지구의 평균 온도가 1880년보다 2℃ 이상 올라가지 않게 하자고 약속했어. 그러면서 지구 온도가 1.5℃ 이상 올라가지 않도록 노력하기로 했지. 쉬운 일은 아니야. 그렇게 하기 위해서는 전 세계가 2021년부터 대기에 배출되는 이산화탄소의 양을 줄이기 시작해야 하니까. 그뿐만이 아니야. 2030년까지 탄소 배출량을 2010년 배출량의 45퍼센트 이상 줄여야 해. 어려운 숙제지만 모두 함께 노력하면 해낼 수 있어. 사실 우리에게는 선택의 여지가 없어. 지구의 평균 온도가 5℃ 이상 올라가면 생명체들이 더 이상 지구에서 살 수 없을 테니까.

바닷물이 차오르면 어디서 살지?

친구들과 해변에서 놀거나 잠수경을 쓰고 물속에 뛰어들어 물고기가 헤엄치는 모습을 관찰할 때면 바다가 끝내주게 멋져 보여. 그런데 바닷물이 집 안까지 밀려든다면 어떨까? 정말 끔찍하겠지. 슬프게도 얼마 안 가서 그런 일이 일어날지도 몰라. 해안 지대에 사는 수백만 명에게 말이지. 지구가 뜨거워지면서(지구 온난화) 지난 150년 동안 해수면이 무려 25센티미터나 높아졌다고 해. 위성 관측을 시작한 1993년과 비교하면 10센티미터나 상승했고! 물론 이런 현상이 처음 있는 것은 아니야. 약 2만 년 전부터 6000년 전까지 지구의 평균 기온이 4°C쯤 올라간 적이 있는데, 이때 해수면이 무려 130미터나 높아졌대.

대다수 과학자는 최근 해수면이 높아진 것은 모두 우리 책임이고, 물에 빠져 허우적대지 않으려면 지금 당장 행동에 나서야 한다고 입 모아 말하고 있어.

과거와…

바다는 지구 면적의 71퍼센트를 차지하고 있어. 그만큼 인류에게 매우 중요하지.

현재 6억 명이 넘는 사람들이 높이가 해수면과 비슷한 곳(해발 1~20미터)에서 살고 있어.

세계 인구의 40퍼센트에 맞먹는 약 30억 명이 바다에서 100킬로미터 안쪽에서 살고 있어.

왜 해수면 상승을 막아야 할까?

해수면이 높아지면 땅까지 바닷물이 밀려들어서 농사를 망치고 식수가 오염돼.

해수면이 높아지면 침수로 인해 해안에 사는 수백만 명이 집과 생명을 잃거나 굶주림 때문에 다른 나라로 이민을 가야 하지. 자연재해로 인한 이민은 또 다른 문제를 낳게 돼.

해수면이 높아지면 키리바시처럼 해수면보다 조금 높이 솟아 있는 태평양의 섬나라들은 아예 사라질 수 있어. 이미 바닷물에 잠기고 있는 베니스, 로테르담, 마이애미, 방콕, 자카르타와 같은 도시들도 갈수록 위험해질 거야.

···현재

해수면이 평균 1센티미터 올라갈 때마다 해수면 높이와 비슷한 지대에 사는 600만 명이나 되는 사람들의 주거지가 물에 잠길 수 있어.

미국 항공 우주국(NASA)에서는 현재 해수면이 1년에 평균 4.8밀리미터씩 상승하고 있다고 발표했어.

낙관적인 과학자들은 2100년까지 해수면이 30~40센티미터 상승할 것이라고 하지만, 비관적인 과학자들은 1미터까지 상승할 수 있다고 해.

해수면은 왜 상승하는 걸까?

1. 해수면의 정상 높이

공기가 빵빵하게 들어 있는 풍선을 촛불에 갖다 대면 어떻게 될까? 곧바로 펑 하고 터져 버리겠지. 그렇다면 물이 가득 들어 있는 풍선은? 공기만 들어 있는 풍선보다 훨씬 오랫동안 터지지 않고 열기를 버텨 낼 수 있어. 그것은 물이 공기보다 더 많이 열을 흡수하기 때문이야. 그것도 1000배나 많이. 지구도 마찬가지야. 바다는 지구 온난화로 인해 생겨난 열의 93퍼센트를 흡수하지.

2. 해수면이 상승하는 이유는 열과…

그렇게 바다가 뜨거워져서 바닷물 부피가 팽창하기 시작했어. 국수를 익히려고 냄비에 물을 넣고 끓일 때처럼 말이지. 해수면이 상승하는 원인의 3분의 1은 바로 여기에 있어. 바닷물의 양은 똑같은데 뜨거워지는 바람에 차지하는 공간이 커진 거야.

우리가 할 수 있는 일

해변과 모래 언덕(사구)은 파도를 막아 주는 자연 방파제야. 그러니까 해변에 가면 입장이 허락된 곳까지만 들어가야 해. 환경을 보호하고 주변에 쓰레기가 있으면 내가 버린 것이 아니더라도 주워서 쓰레기통에 넣도록 해. 석호나 염습지 같은 해안 늪지대도 마찬가지야. 이런 곳도 해변처럼 해일로부터 육지를 보호해 주지. 어떤 과학자들은 해안 습지대가 이산화탄소를 흡수해 주기 때문에 기후 변화를 막는 데도 중요한 역할을 한다고 해. 많은 환경 단체들이 해안 습지대를 지키기 위해 열심히 활동하는 이유도 바로 여기에 있지. 우리도 함께해 보자.

4. 해수면은 똑같이 상승하지 않아

해수면은 모든 바다에서 똑같이 상승하지 않아. 바다는 커다란 욕조에 든 물처럼 매끈하지도 않고 평평하지도 않거든. 위치에 따라 바닷물의 흐름과 중력이 달라서 어떤 곳은 해수면이 훨씬 높이 올라가고 다른 곳은 그보다 덜 올라가지.

3. …빙하가 녹기 때문이야

해수면이 상승하는 또 다른 이유는 대륙 빙하가 녹고 있기 때문이야. 대륙 빙하란 내륙의 넓은 지역을 덮고 있는 빙하야. 주로 남극 대륙과 그린란드에 있지. 빙하가 녹은 물이 바다로 흘러들어 가서 해수면이 상승하게 되는 거야.

지금 하고 있는 노력

해수면 상승을 막기 위해서는 지구 온난화를 막는 것이 가장 중요해. 그래서 이산화탄소 배출량을 줄이는 노력을 하는 거야. 동시에, 해수면과 높이가 비슷한 여러 곳에서는 곧 밀려들 바닷물을 막아 낼 조치도 하고 있어. 뉴욕에서 커다란 해안 댐을 짓고 있고, 마이애미에서 도로를 높은 곳에 내기로 한 것처럼. 인도네시아의 수도 자카르타의 북부 지역은 수십 년 안에 거의 전부가 물에 잠길 거래. 그래서 인도네시아에서는 수도를 옮길 준비를 하고 있지. 유엔에서는 바다에 떠 있는 섬을 만들고 그 안에서 모든 것이 해결되는 자급자족 도시를 건설하는 계획도 검토하고 있어.

숲이 줄어들면 우리도 위험해져

알다시피 사람만 숨을 쉬는 게 아니야. 식물도 우리처럼 호흡을 하면서 이산화탄소를 내뿜어. 하지만 식물은 사람과는 달리 광합성을 하면서 이산화탄소를 빨아들이고 산소를 내뿜기도 하지. 사람들이 울창한 숲을 '지구의 폐'라고 부르는 것은 나무가 산소를 만들기 때문이라기보다는 이산화탄소를 흡수해 주기 때문이야. 실제로 지구 산소의 50퍼센트 이상은 물에 사는 조류나 바다 표면에 사는 식물성 플랑크톤이 만들어 내거든. 그리고 지구의 대기에는 이미 인류가 수천 년 동안 호흡할 수 있을 만큼의 산소가 있어.

사람들은 숲에서 나무를 베어 없앤 뒤 마을을 짓거나 밭으로 만들고는 하지. 이렇게 숲이 사라지면 진짜 위험해. 이산화탄소가 늘어나기 때문이야. 숲이 망가지거나 사라지면 숲의 식물이 이산화탄소를 흡수하지 못할 뿐 아니라, 식물이 썩거나 탈 때 이산화탄소가 생겨나 대기로 날아가지. 그 결과 온실 효과가 강해져서 지구의 기온이 올라가는 거야.

과거와…

숲이 지구 전체 땅 면적의 31퍼센트를 차지하고 있었어.

그땐 7억 5000만 명이 숲에 살았고, 그중 6000만 명은 토착민이었지.

왜 숲을 보호해야 할까?

숲에는 정말 많은 종의 생물이 살고 있어. 지구 전체 생물 종의 80퍼센트쯤이 숲에서 살지. 이 중에는 산림 파괴 때문에 멸종 위기를 맞은 종도 있어.

건강한 숲은 이산화탄소(CO_2)를 흡수하지만 병들거나 죽은 숲은 오히려 이산화탄소를 더 만들어 내. 숲이 흡수했던 이산화탄소가 많을수록 이산화탄소를 더 많이 내뿜지.

나무가 없으면 땅이 쉽게 바스러져서 산사태가 날 위험이 커져.

나무는 물의 순환 과정에서도 중요한 역할을 해. 나무가 줄어들면 강수량도 줄어서 땅이 메말라 가지.

…현재

우리가 만들어 내는 온실가스의 10~15퍼센트는 나무 벌채 때문에 생겨나는 거야.

2001년부터 2020년 사이에 해마다 평균 13만 제곱킬로미터나 되는 숲이 사라졌어. 1분마다 축구장 35개를 합친 만큼의 숲이 파괴된 셈이야. 숲이 줄어드는 속도가 조금씩 느려지고 있다곤 하지만, 이대로는 위험해.

아마존 숲에서 일어나는 일들

1. 광합성
식물도 동물처럼 산소(O_2)를 흡수하고 이산화탄소(CO_2)를 내놓는 호흡을 해. 그런데 동물과는 달리 이산화탄소를 흡수하고 산소를 내놓는 광합성을 통해 스스로 영양분도 만들지. 햇빛을 이용한 광합성 덕분에 아마존 숲은 1년에 수십억 톤의 이산화탄소를 흡수해.

2. 탄소의 순환
식물이 흡수한 이산화탄소(CO_2)는 광합성을 거쳐 포도당으로 변해. 식물과, 지렁이와 미생물 같은 흙 속 생명체는 포도당을 이용해 몸을 키우고 개체 수를 늘려서 생명을 이어 나가지. 그렇게 흙 생태계 속 생명체들의 몸속과 흙에 탄소가 저장돼.

3. 수증기 내뿜기
식물은 잎사귀로 수증기를 내보내는데, 이렇게 내보내진 수증기는 공기 온도를 낮추고 구름을 만들어 비가 내리게 해.

우리가 할 수 있는 일

시간을 내서 나무를 한 그루 심어 봐. 나무는 기후 변화를 막는 데 아주 중요한 역할을 하거든. 새로 나무를 심는다고 이미 자란 나무를 죽게 내버려 둬도 된다는 말은 아니야. 그리고 우리 모두 '게릴라 가드닝'을 해 보는 건 어떨까. 아무도 쓰지 않는 비어 있는 땅에서 꽃이나 식물을 기르는 거야. 이 밖에도 종이를 양면으로 쓰면 나무를 지키는 데 도움이 돼.

4. 다시 이산화탄소로
나무를 태우거나 나무가 죽어 썩으면, 나무에 저장되어 있던 탄소는 이산화탄소가 되어 대기 속으로 풀려나. 그러면 온실 효과를 부채질하지.

5. 숲의 죽음
기온이 오르고 공기가 건조해지면 식물은 흙에서 최대한 많은 양의 수분을 빨아들여서 온도를 낮추려고 해. 하지만 비가 오지 않으면 흙 속 수분은 계속 줄어들 수밖에 없어. 그러다 보면 숲은 생명력을 잃고 결국 식물은 이산화탄소를 더 많이 대기 속으로 내놓게 되고 말지.

숲이 사라지는 이유

남아메리카와 동남아시아에서 숲이 사라지는 가장 큰 이유는 농업과 축산업이야. 고기를 비롯한 음식물 소비가 예전보다 훨씬 늘어서 가축과 농작물을 기르려고 나무를 베어 내는 거지. 때로는 목재를 얻기 위해 나무를 베어 내기도 해. 이렇게 얻은 목재로 집에서 사용하는 가구에서 읽고 쓰는 데 필요한 연필과 종이까지 다양한 물건을 만들지. 사람들은 도시를 건설하고 도로를 내기 위해 숲을 베어 내기도 해. 산림이 황폐해지는 또 하나의 요인은 바로 산불이야. 기온이 올라가면서 산불은 더 자주 일어나는데 끄기는 점점 더 어려워지고 있어.

지금 하고 있는 노력

열대 우림을 지키는 어린이(Kids Saving the Rainforest)는 1999년에 코스타리카의 아홉 살 어린이 자닌 리카레와 아이슬린 리빙스톤이 만든 환경 단체야. 자닌과 아이슬린은 종이 반죽으로 만든 병과 알록달록하게 색칠한 돌을 팔아 마련한 돈으로 나무를 사서 근처 숲에 심었어. 수백 그루를 심은 뒤에는 남아메리카에 사는 티티원숭이를 보호하기 위해서 밧줄로 만든 다리를 설치하기 시작했지. 티티원숭이들이 전선을 타고 길을 건너다 감전돼서 죽지 않도록 말이야. 이렇게 숲속의 모든 생명체가 잘 살아갈 수 있도록 하는 노력은 지금도 계속되고 있어.

도시는 지구를 뜨겁게 만들어

믿기 힘들겠지만, 도시가 지구에서 차지하는 면적은 3퍼센트에 지나지 않아. 물론 바다는 빼고 계산한 거야. 세계 인구 절반이 넘는 42억 명이 땅 전체의 3퍼센트밖에 안 되는 공간에 모여 살고 있어. 그러니 사람과 사람 사이가 얼마나 비좁겠어. 이런 현상은 시간이 갈수록 더 심해질 거야. 2050년이면 도시 인구가 지금보다 25억 명 넘게 늘어날 거래. 특히 아시아와 아프리카 지역에서. 그러면 어떻게 될까? 콘크리트 건물과 도로가 늘고, 공기 오염은 심해지고, 에너지 사용량과 쓰레기 배출량도 증가할 거야. 게다가 인구가 1000만 명이 넘는 거대 도시도 많아질 거야. 지금도 그 정도로 큰 도시가 전 세계에 33개나 되는데 10년 후면 그 수가 43개로 늘 거래.

　새로운 도시를 짓거나 있던 도시를 더 크게 만드는 것을 도시화라고 해. 물론 도시화가 꼭 나쁜 것만은 아니야. 환경을 보호하기 위한 규칙을 잘 지키면서 도시를 옆으로 넓히는 대신 위로 높이면 오히려 좋을 수도 있어. 어떤 사람들은 그런 식으로 도시화를 진행하는 게 여기저기 흩어져서 사는 것보다 땅을 덜 혹사하는 거라고 생각해.

과거와…

인류 최초의 도시는 6500년 전 메소포타미아 지역에 있었던 고대 도시 에리두라고 해.

1950년대까지만 해도 도시 인구는 세계 인구의 30퍼센트쯤 됐어.

왜 도시를 조심해서 만들어야 할까?

'도시 열섬 현상' 때문에 도심은 주변보다 온도가 높아. 평균 최고 기온보다 5℃ 이상의 고온이 5일 이상 계속되는 현상을 '열파'라고 하는데, 이 현상은 도심에서 더 자주 나타나.

대도시일수록 쓰레기가 많이 배출돼. 이런 쓰레기를 제대로 처리하지 않으면 주변 환경과 물을 오염시키지.

도시가 옆으로 넓어지면 수많은 동식물이 위험해져. 원래 동식물이 살던 곳에 도로, 철도, 건물이 들어서면서 공간이 나뉘는 바람에 생태계의 균형이 깨지는 거지. 어떤 생물은 도시화로 인해 멸종 위기를 맞기도 해.

…현재

세계 인구의 55퍼센트가 도시에서 살고 있어. 2050년이면 세계 인구의 68퍼센트가 도시에 살게 될 거야.

세계에서 가장 인구가 많은 도시는 도쿄야. 인구가 무려 3700만 명이나 되지. 그다음으로 인구가 많은 도시로는 뉴델리(2900만 명), 상하이(2600만 명), 상파울루와 멕시코시티(둘 다 2200만 명) 들이 있어.

도시 열섬 현상은 무엇이고 왜 일어나는 걸까?

1. 도시 열섬 현상이란?

무더운 여름, 하루가 끝날 무렵 자전거를 타고 집으로 돌아가다가 공원을 지나는 순간, 갑자기 시원한 느낌이 들 때가 있지? 순간적으로 기온이 몇 도 내려간 것처럼. 그건 열섬 현상이 일어나는 도심에서 벗어났기 때문이야. 도심의 온도가 들판이나 큰 공원, 도시 바깥보다 더 높은 것을 '도시 열섬 현상'이라고 해. 왜 이런 현상이 나타나는지 아니?

2. 식물은 도시를 시원하게 해 줘

나무는 시원한 그늘을 만들어 줄 뿐 아니라 뿌리로 흡수한 물을 나뭇잎 뒷면에 있는 작은 구멍(기공)들을 통해 수증기로 내보내기도 해. 이 현상을 식물의 '증산 작용'이라고 하지. 증산 작용이 일어나면 공기가 자연스럽게 시원해져. 물이 수증기로 되면서 주변의 열을 흡수해 날아가기 때문이야. 식물이 적은 도심은 더 더울 수밖에 없겠지.

우리가 할 수 있는 일

에어컨은 건물과 자동차 안의 온도를 낮춰 주지만 밖으로는 강한 열기를 뿜어내. 게다가 에어컨이 작동할 때 쓰이는 에너지도 많아. 그러니 되도록 에어컨 사용을 줄이는 게 좋아. 꼭 써야 한다면 반드시 문과 창문을 닫도록 해. 그래야 전기를 덜 쓰거든. 블라인드 커튼을 내리고 선풍기를 틀기만 해도 더위를 견딜 수 있을 때가 많아. 그리고 물을 꼭 자주 마시도록 해. 기름진 음식 대신 과일과 채소를 많이 먹고. 햇볕을 너무 오래 쐬지 말고 외출은 선선한 시간에 하자.

3. 아스팔트가 내뿜는 열기

아스팔트 도로, 콘크리트 건물, 색이 어두운 겉면은 햇빛을 잘 반사하지 못하고 많이 흡수한 뒤 열로 바꾸는데, 그렇게 만들어진 열이 밤이 되면 뿜어져 나오지. 그리고 식물이 내보내는 수증기 못지않게 공기를 시원하게 해 주는 것이 땅에서 증발하는 수증기야. 그런데 도로를 만들 때 방수 처리를 하면 빗물이 땅에 스며들지 않기 때문에 땅에서 증발하는 수증기도 줄어들고 도시도 더 더워지지.

4. 엔진에서 나오는 열기

자동차 엔진, 공장의 발전기 같은 기계는 모두 열을 내뿜어. 온도가 올라갈수록 집 안, 차 안, 사무실 안을 시원하게 하려고 에어컨을 사용하는 시간이 길어지지. 그럴수록 에어컨 실외기에서 더 많은 열기를 내뿜으니까 온도는 더 오르게 되고 사람들이 에어컨을 사용하는 시간도 더 길어지는 거야. 제 꼬리를 물려고 빙글빙글 도는 고양이처럼, 열을 내뿜는 행동들이 꼬리에 꼬리를 물고 이어지는 셈이지.

5. 점점 쌓여 가는 열

도시 열섬 현상이 일어난 곳은 그 주변보다 기온이 평균 0.6~5.6℃ 더 높아. 열대야라는 말 들어 봤지? 밤이 되면 도시 안과 바깥의 온도 차가 더 도드라지지. 그리고 열섬 현상은 높은 산으로 둘러싸인 도시에서 더 잘 일어나. 앞으로 몇몇 도시에서는 열섬 현상 때문에 평균 기온이 8℃쯤 오르고, 낮 최고 기온은 50℃까지 치솟을 수도 있대.

지금 하고 있는 노력

세계 곳곳에서 도시 열섬 현상을 줄이기 위해 노력하고 있는데, 그중 하나가 도심에 녹지를 만드는 거야. 오스트레일리아 멜버른에서는 2040년까지 한 해에 나무 3000그루씩 도심에 새로 심기로 했대. 옥상에 식물을 심어서 초록 지붕을 만드는 도시도 많아. 로스앤젤레스를 비롯한 몇몇 도시에서는 검은색 아스팔트 도로를 햇볕이 더 잘 반사되도록 흰색 특수 페인트로 칠했다고 해. 또한 건물 지붕을 흰색으로 칠해서 건물이 덜 뜨거워지도록 하는 노력도 여러 곳에서 하고 있지.

북극곰의 친구가 되어 줄래

지구엔 여러 가지 얼음이 있어. 산꼭대기에 쌓인 빙하, 온도가 일 년 내내 물이 어는점 이하로 유지되는 영구 동토, 남극과 그린란드의 넓디넓은 땅을 뒤덮은 거대한 대륙 빙하, 바닷물이 얼어붙으면서 만들어지는 바다얼음(해빙) 같은 것 말이야. 두께가 2~3미터쯤 되는 바다얼음은 북극과 남극 근처에서 흔히 볼 수 있어. 이렇게 다양한 얼음과 눈이 지구의 '얼음 지대'를 이루고 있어. 얼음 지대란 딱딱한 고체 상태의 물로 덮여 있는 지역이야. 이런 곳에 여름이 오면 온도가 올라가기 때문에 얼음이 조금 녹는데, 이건 자연스러운 현상이야. 문제는 지난 몇 십 년 동안 얼음 녹는 속도가 너무 빨라지고 다시 얼음이 잘 얼지 않아서 얼음이 줄어들기 시작했다는 거야.

과거와…

육지의 10퍼센트와 바다의 12퍼센트는 얼음으로 덮여 있었어. 얼음은 햇빛을 반사하기 때문에 햇빛이 지면이나 바다에 흡수돼서 지구 온도가 올라가는 것을 막아 주지.

북극에는 사람들이 400만 명 살고 있고, 기온이 낮은 고산 지대에는 6억 7000만 명이 살고 있어. 이들의 삶 속에서는 눈과 얼음이 매우 중요한 역할을 하고 있지.

왜 얼음이 중요할까?

 얼음은 햇빛을 반사해서 지구 온난화를 막아 주는 방패 역할을 해 줘.

 육지에 있는 빙하가 녹으면 해수면이 높아져. 바다에 떠다니는 얼음은 해수면 높이와는 관계가 없지만, 바닷물의 커다란 흐름인 해류에 영향을 주기 때문에 기후 변화를 일으킬 수 있어.

 북극이 따뜻해지고 바다얼음이 줄어들면 물고기들은 더 차가운 바다로 가고, 물개도 먹이를 찾아 더 멀리 움직일 수밖에 없지. 그렇게 새로 간 곳에서 위험한 신종 전염병에 걸릴 수도 있어.

 영구 동토에는 죽은 동식물이 많이 묻혀 있어. 영구 동토가 녹으면 미생물이 다시 활동하면서 그것들을 분해하고, 그 결과 이산화탄소와 메테인 같은 온실가스가 많이 배출되어 지구 온난화가 더 심해질 거야.

···현재

지난 수십 년 동안 북극의 바다얼음은 10년마다 13퍼센트씩 줄어들고 있어. 바다얼음 면적이 제일 작아지는 9월을 비교해 보면, 지금은 1980년에 비해 거의 절반밖에 안 돼.

이렇게 계속 바다얼음이 줄어들면 북극곰 마릿수가 지금의 3분의 2 넘게 사라져서 2050년이면 겨우 1만 마리쯤만 남게 될 거야.

북극 바다얼음은 어떻게 생겨나는 거지?

1. 최초의 얼음
겨울이 되면 기온이 내려가서 바닷물이 얼기 시작해. 그러려면 기온이 0°C가 아니라 영하 1.8°C까지 내려가야 해. 바닷물에 포함된 소금 성분 때문에 액체가 고체로 변하는 '어는점'이 민물보다 낮기 때문이지. 처음에는 지름이 1~2센티미터쯤밖에 안 되는 아주 작은 결정체가 만들어져. 이 결정체는 조금씩 커지고 모이면서 걸쭉한 슬러시 같은 상태로 변해 가지.

2. 팬케이크 얼음
거친 바다에서 자라나는 얼음 결정체는 지름이 1미터쯤 되는 납작한 얼음덩어리가 되는데, 모양이 꼭 팬케이크처럼 생겨서 '팬케이크 얼음'이라고 불러. 팬케이크 얼음은 서로 겹쳐 쌓이면서 두꺼운 얼음이 돼.

3. 닐라
고요한 바다에서는 팬케이크 얼음 대신 두께가 10센티미터 이하인 커다란 얼음판이 생겨나. '닐라(nilas)'라고 불리는 이 얼음판은 파도에 따라 구부러지고 부서지고 겹치면서 더 두꺼운 얼음판으로 자라나지.

우리가 할 수 있는 일

북극의 얼음이 녹기 시작하자 석유 회사들이 북극에서 유전을 발굴하기 시작했어. 그래서 상황이 더 나빠졌어. 북극 얼음을 지키려면 에너지를 덜 써야 해. 2킬로미터 안쪽에 있는 곳에 갈 때는 걸어 다니고, 부모님께도 되도록 차는 집에 두고 대중교통을 이용하자고 말씀 드려 봐. 추운 겨울에 난방을 할 때도, 온도를 올리기 전에 따뜻한 스웨터를 먼저 입어 봐. 더워지면 창문부터 열지 말고 옷을 벗고. 북극곰을 좋아하면 다양한 북극곰 보호 캠페인에도 관심을 가져 봐.

4. 유년빙
얼음덩어리 두께가 10센티미터를 넘기면 파도의 움직임에도 구부러지지 않는 단단한 덩어리가 되는데, 이것이 바로 유년빙(어린 얼음)이야.

5. 여름의 시작
봄이 와서 기온이 올라가면 얼음이 녹아내리기 시작하기 때문에 여름이 끝날 무렵이면 아주 얇아지지.

6. 구빙
얼음이 여름을 두 번 넘게 나도록 녹지 않고 남아 있으면 구빙(나이 든 얼음)이 돼. 하지만 최근에는 지구 온난화 때문에 구빙이 점점 줄어들고 있어. 그래서 2050년 여름이 되면 바다얼음이 완전히 사라질 거라고 예측하는 과학자도 있어.

지금 하고 있는 노력

북극 얼음 계획(Arctic Ice Project)이라는 단체가 있어. 레슬리 필드라는 공학자가 만든 이 단체에서는 북극의 중요한 장소 몇 곳을 골라서 이산화규소 알갱이를 뿌려 보자고 제안하고 있어. 이산화규소 알갱이는 햇빛을 반사해서 얼음이 녹는 속도를 늦춰 주거든. 하얀 모래처럼 생긴 이산화규소 알갱이는 얼음에 달라붙기는 하지만, 얼음을 오염시키지도 않고 동물에게 해롭지도 않아. 알래스카의 어느 호수에서 한 실험은 성공을 거두었어. 얼음 두께가 정말로 두꺼워졌거든.

생명체들에겐 너의 관심이 필요해

도도새에 대해 들어 본 적 있어? 인도양 모리셔스섬에서 살던 날지 못하는 새인데, 16세기 말 네덜란드 사람들이 섬에 건너온 뒤 100년도 안 되어 멸종하고 말았지. 네덜란드 사람들이 숲의 나무를 베어 내고 돼지, 개, 고양이, 원숭이 같은 외래종, 그러니까 다른 지역에서 살던 동물을 들여와서 도도새의 자연 서식지가 파괴됐기 때문이야(자연 서식지란 동물이나 식물이 가장 잘 살 수 있는 자연 환경을 뜻해). 도도새 이야기는 오늘날 지구에서 어떤 일이 벌어지고 있는지를 잘 보여 주지. 어떤 과학자들은 얼마 지나지 않아 수많은 동식물이 멸종할 거라고 말해. 심지어는 지구에 사는 생물 종의 절반이 21세기가 끝나기 전에 사라질 거라 경고하는 과학자도 있어. 6500만 년 전에 공룡이 사라져 버린 것처럼. 하지만 소행성 충돌이나 대규모 화산 폭발 때문에 멸종한 공룡과는 달리 이번 일은 순전히 우리 인간의 잘못이야!

과거와…

생물 다양성이란 한곳에 존재하는 동물, 식물, 미생물의 다양함과 풍성함을 뜻해.

지구에 있는 870만 종의 생물 중에서 650만 종은 땅에, 220만 종은 바다에 살아. 그중에서 약 90퍼센트는 기록도 없고 분류도 되지 않은 미지의 생명체야.

왜 생물 다양성이 중요할까?

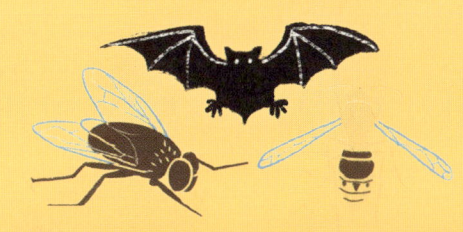

식물과 동물과 미생물이 다양하게 있어야만 인간을 포함한 지구에 사는 모든 생물이 살아갈 수 있어. 벌, 나비, 파리, 새, 박쥐처럼 꽃가루를 실어 나르며 식물의 번식을 돕는 동물이 사라진다면 우리가 먹을 식량도 함께 사라질 거야.

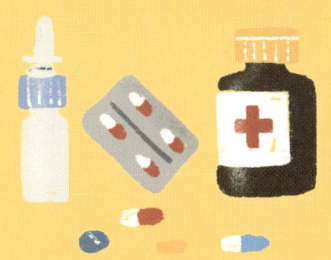

의약품도 식물이나 동물에서 재료를 얻는 것이 많아. 우리가 건강하게 살아갈 수 있는 건 수많은 동식물들 덕분인 셈이지. 따라서 생명체가 멸종한다는 건 그만큼 우리도 위험해진다는 뜻이야.

생물 다양성이 풍부한 곳, 그러니까 다양한 동식물과 미생물이 살아가는 곳의 생태계는 그렇지 않은 곳보다 훨씬 건강해. 그래서 질병이나 기후 변화와 같은 충격을 더 잘 이겨 낼 수 있어.

···현재

기록이 존재하는 12만 7000종쯤 가운데 3만 5500여 종이 멸종 위기에 있어. 양서류의 40퍼센트, 포유류의 26퍼센트, 조류의 14퍼센트, 상어와 가오릿과의 33퍼센트가 위험한 거야.

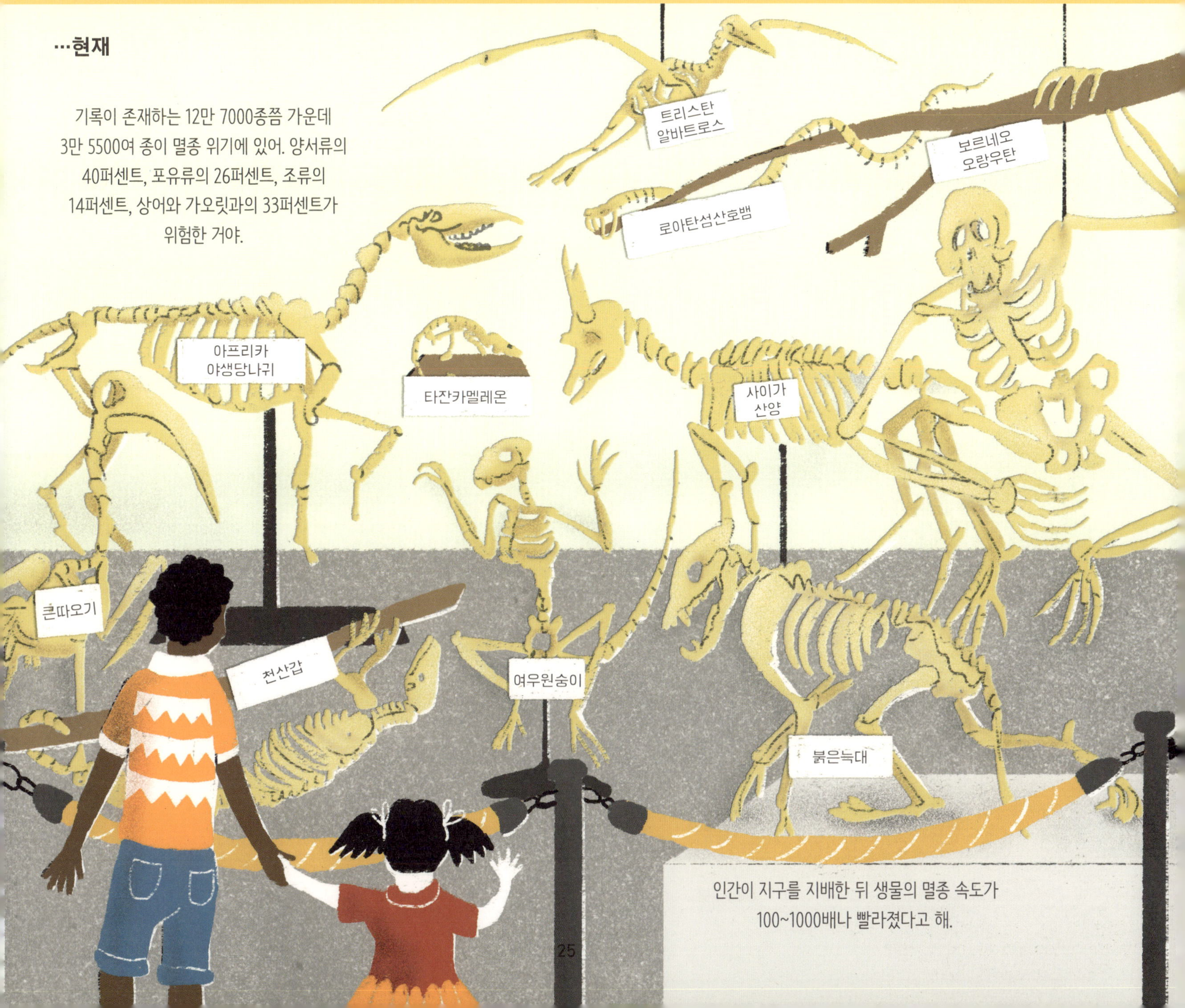

트리스탄 알바트로스
보르네오 오랑우탄
로아탄섬산호뱀
아프리카 야생당나귀
타잔카멜레온
사이가산양
큰따오기
천산갑
여우원숭이
붉은늑대

인간이 지구를 지배한 뒤 생물의 멸종 속도가 100~1000배나 빨라졌다고 해.

어느 작은 새가 사라지는 과정

1. 평화로운 삶

아키키키(또는 카우아이 크리퍼)라 불리는 작은 새가 있어. 이 새는 하와이의 카우아이섬에서 한가로이 지저귀며 평화롭게 살고 있었지.

2. 불청객 등장

하와이에는 원래 모기가 없었대. 그런데 다른 나라 사람이 와서 마실 물을 긷다가 모기 유충을 샘물에 떨어뜨렸지. 게다가 원래 섬에 살지 않던 새도 데려왔는데 그중에는 병든 새도 있었어. 그 결과 무슨 일이 일어났는지 알아? 병든 새를 문 모기가 아키키키 새에게 병을 옮기기 시작했어.

3. 피신

아키키키 새와 섬의 다른 새들은 병에 걸리지 않으려고 높은 산꼭대기로 피신했어. 높은 산에선 기온이 낮아서 모기가 살 수 없으니까.

우리가 할 수 있는 일

생물을 보존하려면 먼저 생물에 대해 잘 알아야 해. 동네에 어떤 식물과 동물이 살고 있는지 알아? 연필과 수첩과 카메라를 들고 나가서 주변을 관찰해 봐. 동네 탐험에 나서는 거지. 평소 오가는 길을 걸으면서 하늘과 땅에서 보이는 것에 주의를 기울여 봐. 그렇게나 많은 식물과 새와 곤충이 있었는지 아마 몰랐을 거야. 무엇인지 모르겠으면 잘 아는 사람한테 물어서 수첩에 적어 둬. 그리고 동물은 못 보더라도 깃털, 털, 발자국, 똥 같은 흔적은 눈에 띌 거야.

5. 멸종

이대로 계속되면 10~30년 안에 아키키키 새가 멸종할 거라고 과학자들은 말해. 오스트레일리아와 뉴기니섬 사이의 브램블케이섬에 살던 작은 설치류인 멜로미스 루비콜라가 멸종한 것처럼 말이야. 멜로미스 루비콜라는 기후 변화 때문에 멸종한 첫 번째 포유류로 2019년에 기록되었어.

4. 죽음

지구의 기온이 올라가면서 모기도 산에서 살 수 있게 되었고, 더는 올라갈 곳이 없었던 새들은 죽기 시작했어. 지난 15년 동안 아키키키 새 98퍼센트가 목숨을 잃었지.

동물이 멸종하는 이유

과학자들은 현재를 인류세(인류가 지구 기후와 생태계를 변화시켜 만들어진 새로운 지질 시대)라고 불러. 그만큼 인류가 지구와 기후에 끼친 영향이 크기 때문이지. 실제로 생물의 자연 서식지를 파괴해서 생물 다양성을 감소시키는 것은 바로 우리 인간들이야. 우리는 나무를 베어 낸 뒤 그 자리에서 가축이나 작물을 기르고, 여행과 무역을 하면서 세계 방방곡곡을 돌아다니며 외래종을 퍼트리고 공기를 오염시켰어. 또 지나친 사냥과 고기잡이로 생태계를 파괴하고 지구 온난화를 불러왔지.

지금 하고 있는 노력

사람들은 동식물을 보호하기 위해서 땅의 15퍼센트와 바다의 7퍼센트를 자연 보호 구역으로 정했어. 하지만 대다수 과학자는 이 정도로는 불충분하다고 생각해. 2030년이 되기 전에 지구 면적의 최소 30퍼센트를 자연 보호 구역으로 지정해야 한다는 거야. 이런 내용을 바탕으로 국제 사회에서는 생물 다양성 감소를 막기 위해서 '생물 다양성 협약'을 맺었어. 그 밖에도 2018년에는 지구 바이오 게놈 프로젝트가 시작되었어. 수많은 생물 종을 잘 이해하고 더욱 잘 보존하기 위해 10년 동안 지구상에 존재하는 생물체 수백만 종의 유전자 정보를 기록하는 일이지.

태풍이 점점 세지는 이유를 아니?

기상 이변에는 여러 종류가 있어. 폭염과 가뭄, 그 반대 현상인 폭풍, 우박, 홍수, 그리고 강한 폭풍인 열대 저기압, 즉 태풍도 모두 기상 이변이야. 특히 태풍은 바다에서 생겨나 육지까지 도달할 수 있고, 몇 주 동안이나 계속되기도 해. 역사상 가장 기간이 긴 태풍인 1994년의 존(John)은 무려 31일 동안이나 몰아쳤어. 태풍은 개미, 제비, 노루, 너구리같이 작고 귀여운 이름으로 불리기도 하지만, 불러오는 피해는 무시무시해.

그런데 기후 변화가 태풍과 무슨 상관이냐고? 둘의 관계를 밝히기 위해 아직도 과학자들이 연구 중이야. 하지만 지구 온도가 상승하고 대기권으로 증발하는 수증기 양이 늘어났기 때문에 기상 이변이 더 심해졌다고 여러 과학자들은 말해. 기후 변화 때문에 기상 이변이 더 자주 일어난다고 할 수는 없지만, 더 세진 것만은 확실해. 그게 무슨 뜻이냐고? 앞으로 비가 많이 내리는 곳에는 더 거센 비가 내리고, 건조한 곳은 더 가물어질 거라는 뜻이야.

과거와…

열대 저기압은 장소에 따라서 이름이 달라져.
대서양에서는 허리케인, 태평양에서는 태풍이라 불리지.

기상 이변이 아니더라도 비와 눈은 짧은 기간에 집중해서 내리고 있어. 1년 강수량(비와 눈이 내린 양)의 50퍼센트가 전 세계 평균 12일 동안 내린다는 연구 결과도 있어.

왜 기상 이변을 막아야 할까?

열파, 가뭄, 홍수, 열대 저기압으로 인해 매년 수많은 사람이 집과 생명을 잃어.

기상 이변이 불러오는 경제적 손실도 엄청나. 2018년 한 해 동안 전 세계에서 발생한 피해액만 해도 무려 237조 원이나 돼.

세계화가 이뤄지면서 나라들끼리 더 많이 엮이게 되어 자연재해로 인한 피해도 함께 커졌어. 예를 들어 어떤 나라에 자연재해가 일어나 자동차나 전화기 부품을 만들지 못하게 되면 그 나라뿐 아니라 다른 여러 나라도 함께 어려워지는 거야.

…현재

지구 온도가 1°C 올라갈 때마다 대기 속 수증기가 4퍼센트 늘기 때문에, 온실 효과도 더 강해지고 폭우도 더 많이 내리는 거야.

1970년에서 2012년 사이 8835번의 자연재해(가뭄, 홍수, 열대 저기압)가 일어나 194만 명이 죽었어.

열대 저기압은 어떻게 생겨날까?

2. 거대한 구름 탄생
축축한 공기는 태풍의 연료나 마찬가지야. 수증기가 식어서 작은 물방울로 변한 공기가 모여 커다란 적란운이 만들어져.

3. 태풍의 눈
축축한 공기가 계속 올라가는 사이 바람은 원을 그리며 불기 시작하지. 그러면 구름이 원의 가운데 주변으로 모여들면서 태풍의 눈이 생겨나. 적도를 기준으로 북쪽에서는 태풍이 반시계 방향으로 돌고 남쪽에서는 시계 방향으로 돌아.

1. 뜨거운 물 증발
태풍은 적도 근처 열대 바다의 해수면 온도가 26.5℃ 이상 올라갈 때 생겨나. 뜨거워진 물이 증발해서 습도가 높아진 공기가 그대로 바람에 실려 하늘 높이 올라가는데, 고도가 100미터 높아질 때마다 0.65℃씩 기온이 내려가기 때문에 수증기가 점점 식어 가지.

우리가 할 수 있는 일

태풍이 분다는 예보가 있으면 미리 안전한 곳으로 대피하는 것이 좋아. 태풍이 불면 집 밖으로 나가면 안 돼. 가스를 잠그고, 전기 차단기를 내려 두고, 전화가 먹통이 되지 않도록 통화는 조금만 해. 바깥에 있다면, 물이 불어나 무너질 위험이 있는 다리나 물에 잠길 수 있는 지하도에서 되도록 멀리 떨어져 있도록 하고. 강둑에서도 멀리 있는 편이 좋아. 갑자기 강물이 넘칠 수도 있으니까. 공공 기관에서 알려 주는 행동 요령을 잘 듣고 따라야 해. 쓰레기 더미, 막혀 있는 배수구와 물길을 보았다면 소방서나 행정복지센터에 신고하는 일도 잊지 말고.

4. 숫자로 보는 태풍

구름이 나선형으로 돌면서 점점 커지고 바람의 속도, 즉 풍속이 시속 119킬로미터를 넘어가면 태풍이 되지. 태풍은 높이 16킬로미터, 너비 2000킬로미터까지 커질 수 있고, 가장 강력한 5급 태풍에서는 바람이 시속 252킬로미터가 넘는 속도로 불어.

5. 태풍의 파괴력

해안에 가까워지면 따뜻하고 축축한 공기가 없어서 태풍의 힘이 약해지지만, 태풍은 완전히 사라지기 전에 엄청난 피해를 줄 수 있어. 세찬 비 때문이기도 하지만, 태풍을 회전시키는 거센 바람도 피해를 크게 키우지. 이 바람이 일으킨 거대한 해일은 해안에서 10킬로미터 넘게 떨어진 육지까지 밀려들기도 해.

지금 하고 있는 노력

기상 예측을 더 정확하게 하고 이산화탄소를 덜 배출하기 위해 노력하고 있어. 이렇게 해야 기상 이변이 불러올 피해를 줄일 수 있다고 과학자들은 생각해. 위급한 때가 오면 인간이 직접 기후를 바꾸자고 말하는 과학자들도 있어. 예를 들면 바다 위 구름에 바닷물을 안개처럼 뿌려서 구름을 더 희고 오래가게 만드는 거야. 그러면 구름이 햇빛을 더 많이 우주로 반사해서 지구 온난화와 기후 변화를 늦추고, 기상 이변도 줄일 수 있다는 계산이지. 하지만 인공적인 기후 조작에는 예상하지 못한 위험이 있기 때문에 이런 제안에 반대하는 과학자도 많아.

고래는 플라스틱 장난감을 싫어해

바다는 지구의 거의 모든 물을 담고 있는 저장고야. 인간은 그 넓고 깊은 바다에 온갖 쓰레기를 내다 버렸지. 석유, 비료, 농약, 똥오줌에서 방사능 폐기물까지 말이야. 바다는 크니까 그 정도는 충분히 소화할 거라 믿었거든. 생태 전문가가 가장 걱정하는 건 플라스틱 쓰레기야. 사람들이 쓰레기를 너무 많이 버려서 하와이와 캘리포니아 사이 태평양 한가운데 거대한 쓰레기 지대가 생겨났을 정도거든.

이 엄청난 쓰레기 더미는 면적이 대한민국보다 열다섯 배나 더 크고 무게가 8만 톤이나 된대. 그 정도면 파리 에펠탑을 여덟 개나 합쳐 놓은 무게야. 사람들은 이곳을 떠다니는 쓰레기 섬이라고 부르지만, 실제로는 섬도 아니고 바다 위에 둥둥 떠 있지도 않아. 이 쓰레기 지대는 대부분 미세 플라스틱(크기가 1마이크로미터-5밀리미터)과 나노 플라스틱(크기가 100나노미터 이하)으로 이루어져 있어. 이런 플라스틱 조각들이 수프에 뿌린 후춧가루처럼 바닷물 속에 섞여 있는 거야. 너무 작기 때문에, 그곳을 지나더라도 쓰레기가 있다는 것을 눈치채지 못한 채 배를 타고 여유롭게 지나칠 수도 있지.

안타까운 건 이런 쓰레기 지대가 이곳 말고도 네 군데나 더 있다는 사실이야. 지금 당장 행동에 나서지 않으면 2050년에는 플라스틱 조각이 물고기보다 더 많아질 거야.

과거와…

바다는 지구 면적의 70퍼센트를 차지하고 있어. 또 지구 물의 97퍼센트가 바다에 있지.

지금까지 알아낸 것만 해도, 바다에는 생명체가 자그마치 22만 종이 넘게 살고 있어. 그런데 과학자들은 아직 발견하지 못한 생명체가 수백만 종이나 더 있을 거라면서, 우리는 아직 바다의 10퍼센트쯤만 알고 있다고 말해.

왜 바다 오염을 막아야 할까?

어부들이 쓰다 버린 그물이나 맥주를 묶는 플라스틱 고리 같은 쓰레기는 때론 물고기의 생명을 앗아 가기도 해. 물고기가 헤엄치다 그 안에 끼어 버릴 수 있으니까. 또 바다 쓰레기 때문에 배의 엔진이 고장 나기도 해.

물고기와 고래는 미세 플라스틱이 먹이인 줄 알고 먹어 버린대. 플라스틱 조각은 소화가 안 되기 때문에 플라스틱을 먹은 물고기는 배고픔을 느끼지 못하고 결국 굶어 죽을 때까지 아무것도 먹지 않아. 그런 물고기를 먹으면 사람도 병에 걸릴 수 있어.

바다 쓰레기 대부분은 육지로 되돌아와. 그렇게 해변에 쌓인 쓰레기는 환경에도 안 좋을 뿐 아니라 치우는 비용도 많이 들지.

바다는 인간이 만들어 낸 이산화탄소의 30퍼센트를 흡수하는데, 그러면 그럴수록 바닷물이 산성화되어 산호초가 파괴되고 말아.

···현재

해마다 플라스틱 쓰레기 800만 톤이 육지에서 바다로 흘러들어 가고 있어. 대왕고래 5만 4000마리를 합한 무게지.

플라스틱 바다 쓰레기의 4분의 1이 열 개의 강을 통해서 바다로 흘러들어 가는데, 그중에서 여덟 개는 아시아에 있고 두 개는 아프리카에 있어.

남태평양에 있는 무인도 핸더슨섬은 육지에서 5000킬로미터쯤 떨어져 있지만, 세계 곳곳에서 떠 내려온 쓰레기가 모여 지구에서 쓰레기 밀도가 가장 높아. 섬 전체 쓰레기의 32퍼센트인 땅 위 쓰레기만 해도 1제곱미터당 671개나 된대.

바다는 왜 오염되는 걸까?

바다 오염의 가장 큰 원인은 각종 쓰레기야. 난파선 잔해, 어부들이 쓰다 버린 그물부터 담배 필터, 페트병, 빨대, 플라스틱 컵, 풍선, 비닐봉지, 병뚜껑 같은 일회용 생활용품까지 종류가 정말 다양하지. 바다 쓰레기의 80퍼센트는 육지에서 나온 거야.

비료나 살충제 같은 제품도 바닷물을 오염시킬 수 있어. 심지어는 도로에 흘린 휘발유까지 빗물에 씻겨 바다로 흘러들어 가서 바다를 오염시키지. 이렇게 배출 경로가 불확실한 오염 물질로 환경이 오염되는 것을 '비점 오염'이라고 해.

바다 쓰레기가 생겨나는 방식

1. 바다에 버려진 쓰레기

어떤 사람은 바다에 직접 쓰레기를 버리기도 해. 아니면 그물이나, 태풍에 떠밀려 바다에 빠진 컨테이너처럼 바다에서 잃어버린 것들도 쓰레기가 되지. 해저 지진이 일어나거나 태풍이 분 뒤에도 바다 쓰레기가 늘어나.

2. 바다로 흘러들어 온 쓰레기

해안에서 수백 킬로미터 떨어져 있는 도시에서 버려진 폐기물이 바다까지 흘러들어 올 수도 있어. 빗물에 씻겨 도로 옆 하수구를 통해 강을 거쳐 바다까지 떠내려가는 거지.

에코백
비닐봉지

우리가 할 수 있는 일

일단 바다에 흘러들어 간 쓰레기는 정말 치우기 힘들어. 그러니 쓰레기가 아예 바다에 흘러들어 가지 못하게 하는 것이 좋아. 유럽연합에서는 2021년부터 플라스틱으로 만든 빨대, 컵, 식기를 비롯한 열 가지 일회용 제품의 사용을 금지하기로 했어. 한국에서도 일회용 컵이나 플라스틱 포장재 사용을 줄이는 정책을 펴고 있지. 지금 당장 실천에 옮기자. 헬륨 풍선을 사지 말고, 플라스틱 용기에 든 음료수도 마시지 말고, 플라스틱이 들어 있는 장난감도 이제는 새로 사지 않는 거야.

3. 바람에 실려 온 쓰레기

적절한 쓰레기 처리 시설이 없어서 빈 땅에 무더기로 쌓아 놓은 쓰레기나 풍선 같은 것이 바람에 실려 머나먼 바다까지 날아가기도 해.

5. 쓰레기 지대

바닷물의 흐름을 해류라고 해. 그중에는 소용돌이 모양으로 움직이는 해류도 있어. 거대한 쓰레기 지대가 만들어지는 것은 바로 그런 해류의 작용 때문이야. 일부 쓰레기는 해류에 떠밀려 다시 육지로 흘러가서 해변에 쌓이기도 해.

4. 미세 플라스틱

플라스틱 폐기물은 바다에서 햇빛을 받으면 빛에 분해돼서 크기가 아주 작아지는데, 이런 플라스틱 조각을 미세 플라스틱이라고 불러.

지금 하고 있는 노력

바다에 흘러든 플라스틱을 치우는 일은 힘도 비용도 많이 들지만, 많은 사람이 바다 플라스틱 쓰레기를 없애려고 노력하고 있어. 네덜란드의 보얀 슬랫은 열여덟 살에 오션 클린업이라는 환경 단체를 만들고 태평양의 거대한 쓰레기 지대를 절반으로 줄이자는 목표를 세웠어. 길이가 1킬로미터쯤 되는 U자 모양 튜브를 바다에 띄우고 닻을 달아 해류에 빨리 휩쓸려가지 않도록 한 뒤, 튜브 아래 그물을 쳐서 바다 쓰레기를 모아 건져 올리는 거지. 하지만 안타깝게도 이 노력은 성공하지 못했어. 쓰레기를 치우는 노력도 계속되어야겠지만, 처음부터 플라스틱 제품을 쓰지도 만들지도 않는 것이 훨씬 더 쉽고 현명한 선택이라는 걸 명심해야 해.

이 닦을 때도 지구를 사랑해 줘

세계에서 가장 큰 사막인 사하라 사막이 아주 오래전에는 푸르른 초원이었다는 걸 알고 있니? 사하라 사막에도 호수와 숲이 있고 강물이 흐르던 시절이 있었어. 사하라 지역에는 2만 년쯤마다 우기와 건기가 번갈아 찾아오는데 그 이유는 지구 자전축의 기울기가 변하기 때문이야.

그런데 2017년에 실행된 어떤 연구 결과를 보면 인간도 사하라 지역의 사막화에 영향을 주었다고 해. 양, 염소, 소 같은 가축이 식물을 죄다 먹어 치우는 바람에 가뭄이 더 심해졌다는 거야. 확실한 건 지금도 여전히 인간에 의한 사막화가 진행되고 있다는 사실이야. 세계에서 네 번째로 큰 호수였던 아랄해는 순전히 인간 때문에 사라지고 있어. 목화를 재배하는 사람들이 아랄해로 이어지는 두 거대한 강줄기의 방향을 바꿔 버렸기 때문이야. 그 바람에 주변 환경은 엉망이 되었고, 오늘날 아랄해는 1960년대와 비교해 10분의 1 크기로 줄어들고 말았지.

과거와…

담수는 지구 전체 물의 3퍼센트를 차지하고 있어. 그중에서 인간이 쓸 수 있는 물은 0.5퍼센트쯤밖에 안 돼.

비가 잘 오지 않는 건조 지대는 지구 면적의 41.3퍼센트를 차지하고 있고, 그곳에 사는 인구수는 약 20억 명이야.

농사를 지을 수 있는 땅의 44퍼센트가 건조 지역에 있고 식량의 60퍼센트가 그곳에서 생산되고 있어.

왜 사막화를 막아야 할까?

 우리가 음식을 먹을 수 있는 건 식물이 자랄 수 있는 땅이 있기 때문이야. 그런데 사막이 점점 넓어지면 그만큼 농사를 지을 수 있는 땅이 줄어들지.

 사막화의 주범은 가뭄이야. 가뭄으로 생명을 잃는 사람이 지진이나 태풍으로 죽는 사람보다 더 많아. 게다가 가뭄은 예측하기도 힘들어.

 땅은 가장 중요한 민물 저장소이기도 해. 땅이 마르고 황폐해지면 물을 충분히 저장할 수 없게 돼.

 모래 폭풍은 호흡기 질환을 일으키고 물을 오염시키는데, 사막화가 심해지면 바람에 날리는 모래의 양이 늘어.

…현재

2025년이면 세계 인구 18억 명이 물 부족 문제를 겪게 되고, 그로 인해 다툼과 전쟁이 일어날지도 몰라.

해마다 땅 12만 제곱킬로미터가 가뭄과 사막화로 식물이 자라지 않는 불모지가 되고 있어. 북한보다 조금 크고 그리스보다는 조금 작은 면적인데, 이 정도 크기의 땅이면 1년에 밀 2000만 톤은 거둘 수 있어.

2030년까지 5000만 명, 2045년까지 1억 3500만 명이 사막화 때문에 삶의 터전을 옮기게 될 거야.

가뭄은 어떻게 일어나는 걸까?

1. 기상학적 가뭄
우기와 건기가 번갈아 찾아오는 곳이나 아타카마 사막처럼 비가 거의 오지 않는 곳에서는 오히려 가뭄을 예측하기 쉬워. 하지만 예상치 못한 곳이나 때에 비가 매우 적게 내리면 오히려 더 심각한 문제가 일어나게 되지. 이런 경우를 기상학적 가뭄이라고 불러.

2. 수문학적 가뭄
기온은 높은데 비가 오지 않으면 얼마 지나지 않아 강물과 호수뿐 아니라 지하수도 줄어들기 시작해. 이렇게 물 공급원이 평균 이하로 떨어지는 것을 수문학적 가뭄이라고 불러.

3. 농업적 가뭄
흙이 품고 있는 물, 즉 토양 수분이 농작물이 자라지 못할 정도로 부족한 상태를 농업적 가뭄이라고 해. 이럴 때는 땅이 황폐해져서 농사를 망치게 돼.

우리가 할 수 있는 일

지금 당장 물이 부족하지 않더라도 물을 낭비하지 않도록 주의해야 해. 양치질할 때 컵을 쓰고, 과일과 채소를 씻을 때 통에 담아서 씻기만 해도 물을 아낄 수 있어. 세탁기나 식기 세척기는 다 채워서 사용하고, 식물에 물을 주는 건 해가 진 뒤에 해. 몸을 씻을 때는 욕조에 물을 받지 말고 5분 안에 샤워를 끝마치고. 욕조에 물을 채우려면 물이 250리터나 필요하지만, 샤워는 40~75리터면 되거든. 또 한 가지 명심할 것은 녹색이 무조건 좋은 건 아니라는 거야. 예를 들어 골프장에서 기르는 잔디는 자연을 오염시킬 수 있어. 물도 많이 줘야 하고, 잔디를 깎을 때마다 전기도 필요하고, 잔디가 잘 자라게 하려고 비료와 농약까지 뿌리니까. 식물을 돌보고 싶다면 물을 거의 쓰지 않는 다육 식물 기르기에 도전해 보는 건 어떨까.

가뭄이 일어나는 이유

사막화란 단순히 사막 지대가 넓어지는 것을 뜻하는 게 아냐. 건조 지대의 토지가 황폐해지는 것을 뜻해. 사막화의 주된 원인은 강수량이 줄어드는 것과 같은 가뭄이야. 가뭄은 바다 기온이나 바람이 변하는 것과 같은 자연 현상이지만, 산림 벌채, 공장형 축산, 지나친 수자원 개발과 같은 인간의 행동에도 영향을 받지.

4. 인구 이동

가뭄이 심한 지역에 사는 사람들은 시간이 갈수록 점점 가난해져. 가뭄이 계속되면 물과 식량과 농작물을 심을 수 있는 땅을 찾아 고향을 떠날 수밖에 없어.

5. 토지 황폐화

가뭄이 끝나지 않으면 땅은 점점 더 황폐해지다가 빠짝 말라붙게 돼. 그러면 흙먼지와 모래가 바람에 쓸려 날리게 되지.

지금 하고 있는 노력

2007년에 아프리카에서 녹색장성이라는 사업이 시작되었어. 이 사업은 수백만 그루의 나무를 심어서 100만 제곱킬로미터(이집트 면적과 똑같아!)에 달하는 사하라 사막 남부 사헬 지역을 비옥하게 만드는 거야. 중국에서도 1978년부터 사막이 넓어지는 걸 막기 위해 고비 사막 경계를 따라 나무를 심어서 길이가 거의 4800킬로미터나 되는 녹색 만리장성을 만들고 있어. 중국에서는 스펀지 도시 만들기도 하고 있어. 건물 지붕과 도로 같은 겉면을 물이 스며드는 물질로 만드는 운동인데, 이렇게 하면 빗물의 70퍼센트를 다시 쓸 수 있다고 해.

스마트폰이 공기를 오염시킨다고?

깨끗한 공기의 주성분은 의외로 산소가 아니라 질소야. 그런데 공기가 오염되면 이산화황, 이산화질소, 이산화탄소, 오존과 같이 건강에 해로운 기체까지 함께 호흡하게 돼. 그뿐만이 아니야. 공기 속에는 꽃가루, 연기, 모래, 먼지와 같은 여러 미세 입자들이 떠다니고 있는데, 이것이 바로 미세 먼지야.

　스모그는 이런 기체와 미세 먼지가 모여서 만들어지는 거야. 스모그(smog)는 영어로 연기를 뜻하는 스모크(smoke)와 안개를 뜻하는 포그(fog)를 합해서 만든 단어인데, 인간이 석탄을 사용한 뒤로 거의 모든 대도시에서 나타나기 시작했어. 1952년 런던에서는 5일 동안이나 스모그가 사라지지 않았는데, 그로 인해 무려 1만 2000명이나 목숨을 잃었다고 해. 그 사건 뒤로 세계 곳곳에서 석탄 사용을 제한하기 시작했어. 그렇지만 문제는 여전해. 아직도 세계 인구의 91퍼센트가 세계보건기구(WHO)에서 정한 기준보다 공기 질이 낮은 곳에서 살고 있거든.

과거와…

오염되지 않은 깨끗한 공기는 질소 78퍼센트, 산소 21퍼센트, 아르곤을 비롯한 여러 기체(메테인, 수소, 이산화탄소, 헬륨 등) 1퍼센트로 이루어져 있어.

지구 대기를 이루고 있는 질소는 대부분 지구가 생겨날 때 화산이 폭발하면서 뿜어져 나온 거야.

왜 공기 오염을 막아야 할까?

스모그는 건강에 해로워. 폐암, 천식과 같은 호흡기 질환을 일으키기도 하고, 심장에 무리를 줘서 심장 발작이나 뇌졸중을 일으키기도 하지. 그 정도로 심각한 병은 아니더라도 기침, 재채기, 두통, 눈 시큰거림처럼 거슬리는 증상의 원인이 되기도 해.

오염된 공기 속 이산화황 성분은 화학 작용을 통해서 산성비의 원인이 돼. 산성비는 수소 이온 농도(pH)가 5.6 미만인 비인데 동물, 식물, 건물, 기념물 등에 안 좋은 영향을 주지.

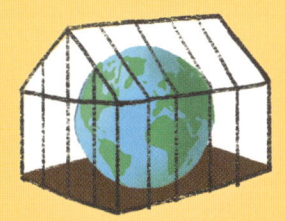

스모그는 온실 효과를 증가시키기 때문에 기후에도 나쁜 영향을 끼쳐.

…현재

공기 오염 때문에 해마다 700만 명이 원래 수명보다 일찍 사망하고 있다고 세계보건기구에서 발표했어. 개발 도상국이나 가난한 나라일수록 이런 현상이 더 심각하지.

세계에서 공기 오염이 가장 심한 도시는 인도의 델리야. 방글라데시의 다카와 몽골의 울란바토르가 그 뒤를 잇고 있지. 한국은 세계에서 스물여섯 번째로 공기 오염이 심한 나라야.

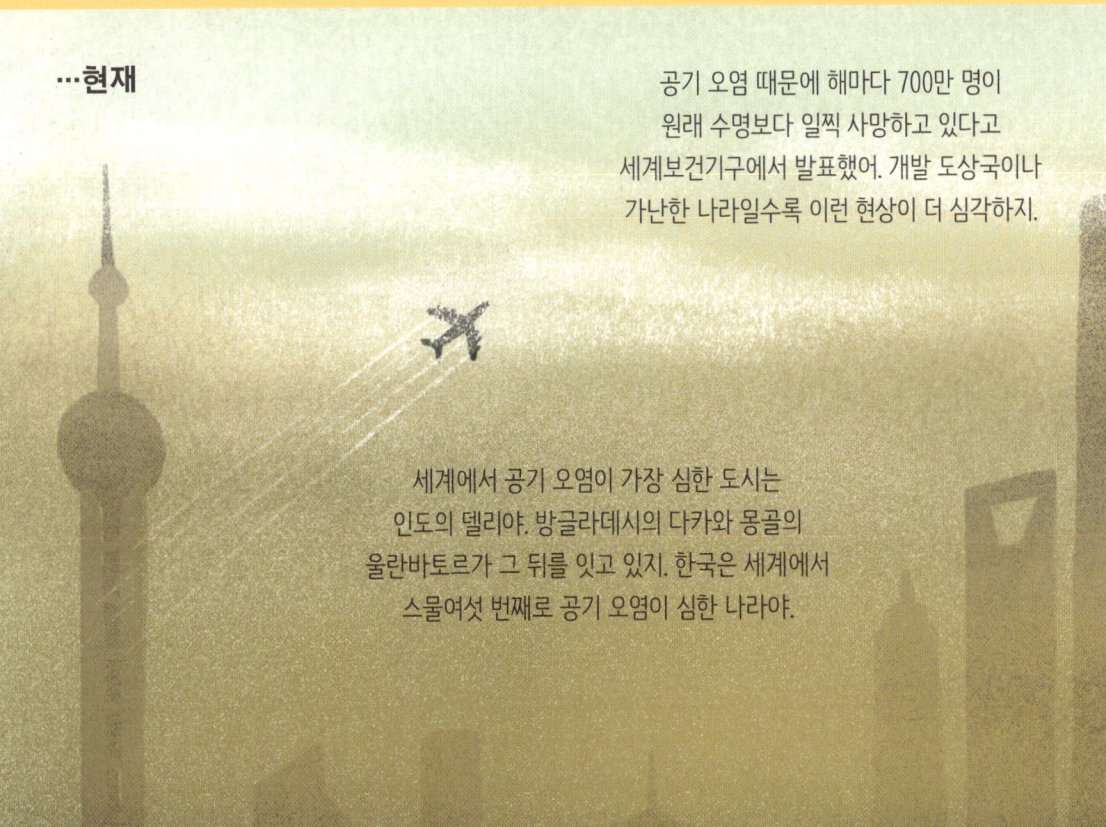

스모그 현상은 어떻게 일어날까?

1. 겨울 스모그

겨울에 날씨가 춥고 습해지면 자동차 배기가스, 공장 굴뚝에서 나오는 연기, 석탄과 휘발유를 연료로 쓰는 난방 시설에서 배출되는 연기가 안개와 합쳐지면서 스모그를 만들어. 겨울 스모그라 불리는 이 스모그는 미세 입자들과 여러 가지 기체 같은 1차 오염 물질로 이뤄져 있지.

2. 미세 먼지

꽃가루, 모래, 연기, 그을음과 같이 공기 속에 떠다니는 미세 먼지는 크기가 다양해. 입자가 작을수록 더 위험한데, 그건 폐에 들어가서 피를 타고 몸속을 돌아다닐 수 있기 때문이야. 입자 크기를 기준으로 지름이 10마이크로미터 이하인 미세 먼지는 PM10, 지름이 2.5마이크로미터 이하인 초미세 먼지는 PM2.5라고 불러. 머리카락 한 가닥 지름이 평균 100마이크로미터니까 머리카락 굵기보다 적게는 10배, 많게는 40배도 넘게 더 작은 거야.

우리가 할 수 있는 일

되도록 걷거나 자전거를 타고 다니고, 멀리 가야 할 때는 대중교통을 이용해. 꼭 자가용을 써야 한다면 똑똑하게 사용할 줄 알아야 해. 같은 곳으로 가는데 따로따로 움직일 필요는 없잖아. 차 한 대로 함께 갈 수 있도록 해 봐.
전기를 만들 때도 공기가 오염될 수 있으니까 방에서 나갈 때는 꼭 불을 끄도록 해. 게임기 같은 전기 기구는 사용하지 않을 때 전원을 완전히 끄거나 플러그를 뽑아 두는 것이 좋아. 핸드폰 문자 메시지도 저절로 전송되는 것이 아니야. 문자 메시지를 보내는 데도 에너지가 필요하고, 이 모든 것이 쌓여서 결국 지구 생태계에 큰 영향을 주게 되지. 심심풀이로 문자 메시지를 보내지 않는 스마트한 환경 운동가가 되어 봐.

3. 여름 스모그

기온이 높고 건조한 여름이면 이산화질소와 같은 1차 오염 물질과 자동차 연료, 페인트, 농약을 비롯한 여러 휘발성 물질이 강한 햇빛을 받아 화학 작용을 일으켜. 그 결과 어떤 일이 일어나는지 알아?
여름 스모그라고도 불리는 광화학 스모그가 생겨나지. 광화학 스모그는 오존 같은 2차 오염 물질로 이루어진 황갈색 안개야. 오존은 하늘 높이 있을 때는 지구를 햇빛으로부터 보호해 주지만, 우리가 호흡할 수 있을 정도로 지면 가까이 있으면 건강에 아주 해로워.

공기 오염이 일어나는 이유

세계에는 15억 대에 이르는 자동차와 3만 9000대나 되는 비행기가 돌아다니고 있어. 이런 교통 기관 가운데서도 디젤유를 연료로 쓰는 것들이 특히 더 공기를 오염시키지. 석탄을 연료로 쓰는 난방 시설도 공기를 많이 오염시키는데, 아직도 많이 사용되고 있어. 공장, 폐기물 소각장 같은 연소 시설도 마찬가지야. 그 외에 화산 폭발, 화재, 모래 폭풍 같은 자연 현상도 공기를 오염시켜.

지금 하고 있는 노력

많은 나라에서 석탄, 석유, 천연가스 같은 화석 연료 대신 깨끗한 재생 가능 에너지를 사용하려고 노력하고 있어. 바람과 물의 힘을 이용하는 풍력 발전과 수력 발전, 태양 에너지를 전기로 바꾸는 햇빛 발전, 전기도 만들고 난방에도 이용할 수 있는 지열(땅속 열) 발전이 모두 재생 가능 에너지야. 교통수단으로는 무엇이 있을까? 요즘 전기차를 이용하는 사람들이 점점 늘어나고 있어. 물론 전기차도 환경에 해롭기는 해. 하지만 적어도 공기를 직접 오염시키지는 않아.

산호는 시원한 바닷물이 필요해

언뜻 보면 알록달록한 바위처럼 보이지만, 알고 보면 산호도 동물이야. 실제로 산호 하나는 수천 개의 아주 작은 폴립(여러 개의 촉수와 소화 기관으로 이루어진 돌기)과 단단한 뼈대로 이루어져 있어. 열대 바다에 있는 산호초는 같은 곳에서 자라는 산호들의 뼈가 서로 연결되면서 수천 년에 걸쳐서 만들어진 거야. 산호초는 바다의 열대 우림이라고 불려. 전 세계 해저 면적의 1퍼센트도 안 되는 산호초에 바다 생물의 25퍼센트가 살고 있기 때문이야. 실제로 산호초에는 4000종이 넘는 물고기와 800종이 넘는 산호, 그리고 연체동물, 해면동물, 갑각류가 살고 있어. 세계에서 가장 큰 산호초는 오스트레일리아 퀸즐랜드주 바다에 있는 그레이트 배리어 리프야. 무려 2만 년에 걸쳐서 형성되었고 면적이 34만 8000제곱킬로미터나 되는 이 산호초는, 지구에서 가장 오래되고 커다란 생명체야.

과거와…

산호는 매년 1~3센티미터씩 넓어지고, 1~25센티미터씩 키가 자라.

산호가 살기 위해서는 햇빛이 필요해. 그래서 산호는 깊이가 150미터 이하의 따뜻한 바다에서 살지.

왜 산호초가 중요할까?

 산호초는 그 자체로 소중한 생명체야. 그리고 굉장히 아름답지. 또 많은 사람들이 산호초와 어울려 살아가고 있어.

 물고기 수천 종이 산호초 덕분에 생명을 유지하고 있어. 산호초는 생물 다양성을 한눈에 보여 주는 아주 특별한 존재야.

 우리가 먹는 물고기는 대부분 산호초에서 살아. 산호초는 최소 5억 명에게 식량을 공급하지.

 산호초는 파도로 인한 해안 침식을 막아 줘. 산호초를 지나면서 파도의 높이는 84퍼센트 낮아지고 위력은 94퍼센트 약해진다고 해.

…현재

지난 30년 동안 세계 산호의 50퍼센트가 사라졌어. 전문가들은 2050년이면 산호가 90퍼센트 이상 없어질 거래.

최초의 폴립이 생긴 뒤 산호초가 형성되기까지는 무려 1만 년이 걸려.

산호가 하얗게 변해 죽어 가는 과정

1. 건강한 산호

산호의 몸속에는 작은 조류가 살고 있어. 산호는 조류에게 집과 이산화탄소와 암모니아를 주고, 조류는 광합성으로 만든 영양분을 산호에게 주지. 이렇게 둘이 함께 서로 도우며 살아간다고 해서 이런 조류를 '공생 조류'라고 불러.

2. 산호가 스트레스를 받을 때

스트레스를 많이 받은 산호는 조류를 뿜어내고 서서히 하얗게 변해. 이걸 '산호 백화' 현상이라고 부르지. 산호가 하얘진다는 건 사람으로 따지면 몸이 좋지 않아 열이 나는 것과 마찬가지야. 상태가 좋아질 수도 있지만, 계속 스트레스를 받으면 죽을 수도 있어.

우리가 할 수 있는 일

바다에 놀러 갈 때 바를 선크림도 신경 써서 골라야 해. 선크림에 들어 있는 옥시벤존을 비롯한 몇 가지 성분은 산호에 좋지 않은 영향을 준다는 연구 결과가 나왔거든. 스쿠버 다이빙이나 스노클링을 할 때 산호초 근처를 지나더라도 산호를 만지거나 밟지 않도록 조심해. 절대로 산호를 떼어 내면 안 돼. 산호로 만든 선물이나 기념품도 사지 마. 그리고 플라스틱 용기에 든 음식이나 음료는 되도록 멀리하는 게 좋아. 예를 들면 페트병에 든 물을 사서 마시는 대신 물병에 물을 담아 들고 다니는 거야.

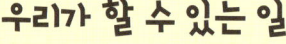

3. 산호의 죽음

주변 환경이 좋아지지 않으면 산호는 결국 죽음을 맞이해. 죽은 산호는 솜털처럼 보이는 조류로 뒤덮이지.

산호가 하얗게 죽는 이유

산호가 스트레스를 받는 이유는 여럿이지만, 가장 큰 이유는 바닷물 온도 상승이야. 바닷물 온도가 2~3도만 올라가도 산호는 바로 영향을 받아. 햇빛이 지나치게 강해도 산호가 하얗게 변할 수 있어. 이런 현상은 수심이 깊지 않은 곳에 있는 산호에 더 잘 나타나. 이 밖에도 쓰레기와 화학 물질, 과도한 영양분으로 인한 바다 오염과, 이산화탄소가 녹아들어 산성이 된 바닷물도 산호 백화 현상을 일으키지.

지금 하고 있는 노력

미국 플로리다주에 있는 모트 해양 연구소에서는 저렴한 비용으로 산호를 빠르게 길러 내는 방법을 찾아냈어. 호주 해양과학 연구소에서는 유전 공학을 이용해 높은 온도에서도 잘 버틸 수 있는 조류와 산호를 만들고 있어. 실험이 성공하면 슈퍼 산호를 바다에 옮겨 심어서 산호초를 튼튼하게 만들 수 있을 거야.

고기를 덜 먹으면 지구가 시원해져

현재 세계 인구는 78억 명쯤 되는데 2050년이면 100억 명을 넘어설 거라고 해. 이 많은 사람이 굶주리지 않으려면 식량을 더 많이 생산하면 될까? 실제로 그러기 위해 수십 년 전부터 기계와 화학 비료와 농약을 이용해 농사를 짓고, 거대한 축사 안에 동물을 몰아넣고 길러서 식량 생산량을 늘려 왔어. 그런데도 수백만 명의 사람들이 굶주리고 있지. 그건 식량을 골고루 나누지 않고 선진국에서 너무 많이 소비하기 때문이야. 심지어 돈이 안 된다는 이유로 식량을 그냥 버리기도 하지. 또한 고기를 얻기 위해 많은 식량이 가축 사료로 쓰이는 것도 사람들이 굶주리는 이유야.

이러한 농업과 축산업은 환경을 오염시켜서 기후 위기를 더 심각하게 만들지만, 여전히 거의 모든 곳에서 지속 가능하지 않은 방식으로 농사를 짓고 가축을 기르고 있어. 지속 가능하지 않다는 것은 지구에서 사용 가능한 것보다 훨씬 더 많은 자원을 인간이 쓰고 있다는 뜻이야.

과거와…

1961년까지만 해도 전 세계인의 1인당 고기 소비량은 1년에 평균 24킬로그램이었어.

1900년에는 지구 전체 땅 면적의 20퍼센트인 2500만 제곱킬로미터가 가축을 키우는 목초지와 농사를 짓는 농지로 사용됐어.

왜 산업화된 농업과 축산업을 피해야 할까?

산업화된 농업과 축산업은 산림 벌채와 생물 다양성 감소를 일으키는 중요한 원인이야.

비료와 가축 배설물은 물을 오염시키고, 살충제는 곤충을 가리지 않고 죽이지. 벌과 나비라고 예외는 아냐.

고기를 얻으려고 가축을 기르는 데 필요한 자원이 채소를 얻으려고 농사를 지을 때 필요한 자원보다 훨씬 많아. 스테이크 500그램을 식탁에 올리기까지는 무려 8000리터나 되는 물이 필요해.

동물이 뿜어내는 악취, 그중에서도 특히 소, 염소, 양과 같은 반추 동물의 트림에는 메테인이 많이 들어 있어. 온실 효과를 일으켜서 지구 온난화를 불러오는 기체 중 하나인 메테인의 27퍼센트가 가축을 키우면서 나오는 거야.

…현재

지금은 전 세계인의 1인당 고기 소비량이 1년에 평균 44킬로그램으로 늘었어. 고기 소비량이 특히 많은 나라는 미국, 쿠웨이트, 오스트레일리아, 바하마, 룩셈부르크야.

전 세계에서 사람들은 소 15억 마리와 닭 230억 마리를 기르고 있어. 도축된 가축은 빼고 살아 있는 가축 숫자만 센 건데도 이렇게나 많지.

지금은 5000만 제곱킬로미터의 땅이 농업과 축산업에 사용되고 있어. 지구 전체 땅 면적의 40퍼센트, 사람이 살 수 있는 땅 면적의 50퍼센트나 되는 넓이야.

산업화된 농업과 축산업에서 일어나는 일

1. 비료 사용
비료를 지나치게 많이 쓰면서 오랫동안 한 가지 농작물만 재배하면 토양이 황폐해져서 농사를 지을 수 없게 돼. 농지로 쓸 수 있는 토양층인 겉흙의 두께는 10센티미터쯤밖에 안 돼. 그런데 겉흙이 2.5센티미터 쌓이려면 자그마치 500년이나 걸린대.

2. 먹이 주기
'공장식 축산'이라고도 불리는 집약식 축산으로 길러지는 동물은 밀폐된 공간에 갇혀 살아. 스물네 시간 내내 먹을 수 있을 만큼의 먹이가 매일 한 번에 제공되기 때문에 동물들은 먹고 싶을 때 언제든 먹을 수 있어. 물도 자동 급수기를 통해 계속 마실 수 있고. 짧은 기간 안에 포동포동 살을 찌우려고 사료에 비타민과 호르몬 같은 성분을 첨가하기도 해.

3. 가축 배설물
축사는 때맞춰서 가축 배설물 등을 청소해 줘야 해. 그럴 때마다 생겨나는 엄청난 양의 폐기물에서는 가축의 트림이나 방귀와 마찬가지로 온실가스가 나올 뿐 아니라, 폐수도 흘러나와 물을 오염시킬 수 있어. 하지만 이 폐기물을 잘 처리하면 농사에 쓰는 거름과 대체 에너지인 바이오 가스를 얻을 수도 있지.

우리가 할 수 있는 일

요즘 들어 고기와 생선을 먹지 않고 채식을 하는 사람이 늘고 있어. 그중에는 우유, 달걀, 치즈를 비롯해 동물에서 나오는 모든 것을 먹지 않는 사람도 있지. 사람들이 이런 선택을 하는 데는 여러 이유가 있어. 동물을 죽이고 싶지 않아서 채식을 하는 사람도 있고, 건강 때문에 채소만 먹는 사람도 있어. 그런데 거의 모든 과학자들이 인류가 고기를 지금보다 덜 먹어야 한다고 이야기하는 특별한 이유가 있어. 바로 기후 변화를 막기 위해서야. 우리도 고기 먹는 횟수를 일주일에 한두 번 정도로 줄이고, 공장식 축산으로 생산된 고기는 먹지 않는 게 어떨까? 우리가 할 수 있는 또 다른 일은 음식물 쓰레기를 줄이는 거야. 음식을 조금씩만 덜어서 남기지 않고 다 먹고, 어쩔 수 없이 남기더라도 버리지 말고 보관해 뒀다 다음에 먹는 거지.

산업화된 방식으로 하는 이유

농사를 지을 때 기계와 농약을 쓰고, 비좁은 우리에 동물을 가둬 기르는 건 식량을 더 값싸게 생산해서 더 많이 팔기 위해서야. 사람들의 입맛 변화와 음식 소비량 증가도 중요한 원인이지. 실제로 인구 증가보다 고기와 생선 소비가 훨씬 더 많이 늘었거든. 버려지는 식량의 양도 만만치 않아. 전 세계에서 1분마다 3000톤이 넘는 식품과 음식물이 버려지고 있어. 가난한 나라에서는 식품을 생산하는 과정에서 잃는 양이 많고(식품 손실), 부유한 나라에서는 식품 가게나 식당 혹은 가정에서 너무 많이 샀다가 버리는 게 많아(음식물 쓰레기).

4. 동물 고기

때가 되면 가축은 트럭에 실려 도축장으로 보내지지. 인간이 먹을 고기를 얻기 위해서야. 2014년 한 해 동안 전 세계에서 닭 620억 마리, 돼지 15억 마리, 칠면조 6억 4900만 마리, 양 5억 4500만 마리, 염소 4억 4400만 마리, 소 3억 100만 마리가 도축당했어.

지금 하고 있는 노력

지속 가능한 농업을 위해 유기농법으로 농사를 짓는 사람이 많아. 살충제와 화학 비료를 사용하지 않을 뿐 아니라, 경작이 끝나면 땅에 긴 휴식 기간을 주어서 땅이 건강을 되찾도록 하는 거지. 수직 농장을 활용하는 방법도 있어. 건물 안에 수직으로 층층이 쌓아 올린 시설에서 흙 없이 조명을(때론 햇빛을) 이용해 식물을 기르는 거지. 소가 내뿜는 메테인의 양을 줄이는 방법을 찾아낸 과학자도 있어. 특정한 조류를 사료에 넣어 주면 소가 내뿜는 가스 양이 줄어든대. 어떤 사람은 고기 대신 곤충을 먹자고 제안하기도 하지.

물의 다이어트를 어떻게 도울까

'부영양화'라는 말 들어 본 적 있어? 조금 어렵게 들릴지도 모르는 이 단어는, '부자(富者)' 할 때 '부'와 '영양분' 할 때 '영양'을 합친 말로, 물에 '영양분이 너무 많아졌다'는 뜻이야. 영양분이 많아지면 좋은 거 아니냐고? 그렇지 않아. 초콜릿이나 달콤한 디저트를 너무 많이 먹지 말라는 말을 들어 본 적 있지? 아무리 맛있는 음식이라도 너무 많이 먹으면 몸에 해롭기 때문이야. 호수와 바다도 마찬가지야. 질소, 인, 암모니아와 같은 영양분이 지나치게 많이 흘러들어 가면 오히려 수질이 안 좋아지거든.

이런 영양분은 비료와 세제, 똥오줌 같은 인간과 동물의 분비물에 많이 들어 있어. 우리에게는 필요 없는 성분이지만 물속에서 살아가는 조류나 다른 수중 식물에게는 맛있는 음식이지. 조류는 이런 영양분을 맛있게 먹고 흡수해서 자라고 번식해. 그러면 어떻게 되냐고? 호수와 강과 바다가 젤리같이 끈적끈적한 물질로 뒤덮이고, 수정같이 맑던 호수는 녹조로 뒤덮인 악취 나는 늪으로 변하고, 물고기는 산소가 모자라서 숨 막혀 죽게 돼. 요즘 들어 이렇게 생명을 잃고 죽은 호수와 강과 바다가 부쩍 늘었어.

과거와…

2014년에 진행된 조사에 따르면, 지구에는 1억 1700만 개의 호수가 있어. 카스피해, 남극, 그린란드의 빙하 지역은 뺀 숫자야.

호수는 지구 면적의 4퍼센트를 차지해.

호수가 늙어서 호수 바닥에 물질들이 너무 많이 쌓이면 자연적인 부영양화가 일어나기도 해.

왜 물의 부영양화를 막아야 할까?

 조류가 지나치게 많아지면 물이 탁해지고 악취가 나서 가까이 가기가 힘들어져.

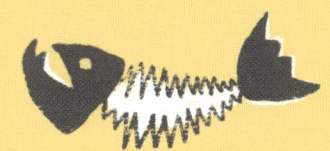 부영양화가 진행된 물에 사는 식물과 물고기를 비롯한 물속 생명체는 병들거나 죽을 수 있어.

 부영양화 때문에 독성이 있는 조류가 지나치게 번식하면 식수를 오염시켜서 사람들 건강에도 해로울 수 있어.

 수중 식물과 조류는 죽으면서 이산화탄소를 공기 속으로 내보내. 지구 온난화를 부채질하는 거지.

…현재

부영양화 현상은 전 세계 여러 지역에 나타나고 있는데, 그중 절반이 넘는 곳에선 산소 부족으로 인한 피해를 겪고 있어.

아시아 호수의 54퍼센트, 유럽 호수의 53퍼센트, 북아메리카 호수의 48퍼센트, 남아메리카 호수의 41퍼센트, 아프리카 호수의 28퍼센트에서 부영양화 현상이 나타나고 있어.

부영양화의 피해가 제일 큰 지역은 발트해야. 부영양화 현상이 가장 넓게 나타난 열 개 지역 중에서 일곱 곳이 발트해에 있어.

부영양화의 원인

조류의 성장을 돕는 영양분이 지나치게 공급되는 이유는 농업, 축산업, 하수, 화석 연료 때문이야. 유럽과 미국에서는 농업이 특히 큰 영향을 주고 있어. 1960년대부터 비료 사용량이 점점 늘어났기 때문이야. 가축을 키우면서 쌓이는 퇴비, 양식장에서 나오는 물고기 배설물과 사료 찌꺼기도 모두 부영양화를 일으키지.

아시아, 남아메리카, 아프리카에서 부영양화가 일어나는 건 주로 생활 하수와 공업 폐수 때문이야. 보일러나 자동차 엔진에서 연료가 탈 때 생겨나는 질소 산화물도 부영양화 현상을 일으킨다고 해.

부영양화가 불러오는 일들

1. 영양분이 흘러 흘러
비가 내리면 비료에 들어 있는 영양분이 땅으로 흡수되어 지하수나 강물을 타고서 바다와 호수까지 흘러들어 가. 땅에서 바로 바다나 호수로 흘러들어 갈 때도 있어.

우리가 할 수 있는 일

이미 오래전부터 많은 나라에서 세제와 비누에 인산염 사용을 금지하거나 제한하는 노력을 하고 있어. 인산염에는 부영양화를 일으키는 영양분인 인(P)이 들어 있거든.

세제를 쓸 때 성분 표시를 꼼꼼히 살피고 아끼도록 해. 세탁기나 식기 세척기는 가득 채워서 돌리고, 물만 끓인 냄비를 씻을 때는 비누를 쓰지 마. 뜨거운 물로 헹구기만 해도 충분하니까. 그릇에 묻은 기름기를 제거할 때는 세제 대신 식초를 사용해 봐. 샤워할 때도 플라스틱 용기에 든 액체 비누 대신 그보다 값도 훨씬 싸고 물도 덜 오염시키는 고체 비누를 사용해 봐.

54

2. 녹색으로 뒤덮다
영양분을 먹은 조류는 빠르게 자라고 번식하여 물을 녹조로 뒤덮지. 그렇게 물이 탁해지는 거야.

3. 물속 생물들의 죽음
녹조는 햇빛이 통과하는 것을 막기 때문에, 그 아래에 있는 식물은 광합성을 하지 못해서 생명력을 잃어 가. 그러다 영양분이 다 없어지면 조류까지 함께 죽는 거야.

5. 물고기의 죽음
부영양화가 일어난 물에서 계속 살던 물고기와 수중 생물은 산소가 부족해서 숨을 못 쉬고 죽고 말아.

4. 세균의 활동
그때 행동에 나서는 게 바로 세균이야. 세균은 죽은 식물과 조류를 먹어 치우고 영양분을 내놓지. 동시에 산소를 흡수하고 이산화탄소(CO_2)를 배출해.

지금 하고 있는 노력

부영양화를 막기 위해서는 하수를 정화하고, 비료 사용을 줄이고, 퇴비 처리를 잘 하고, 지상과 지하의 수질을 꼼꼼하게 관리해야 해. 이미 많은 나라들에서 그렇게 하고 있지.
재미있는 해결 방법도 하나 있어. 바로 홍합 같은 갑각류를 양식하는 거야. 갑각류가 필터처럼 작용해서 물에 들어 있는 영양분을 줄여 주거든. 발트해를 둘러싸고 있는 여러 나라에서 이 방법을 사용하고 있어. 머리카락 지름보다 작은 아주 미세한 기포인 나노 버블을 사용하는 경우도 있어. 나노 버블을 물속에 뿌리면 기포가 터지면서 그 속에 들어 있던 산소나 오존이 나와 수질을 개선하고 조류를 없애 주지.

산불이 점점 거세지고 있어

2019년 6월에서 이듬해 2월까지 오스트레일리아를 휩쓸고 간 거대한 산불 현장 사진을 본 적이 있을 거야. 연기 기둥이 어찌나 큰지 우주에서도 보일 정도였어. 산불이 나면 그곳에 있던 여러 생명체는 심각한 피해를 입어. 생명을 잃기도 하고 살던 터전에서 쫓겨나기도 하거든. 그렇다고 산불이 꼭 나쁜 것만은 아니야. 자연에서는 산불이 좋은 영향을 주기도 해. 나무와 풀이 타고서 남은 재는 땅을 기름지게 만들어 꽃과 열매가 풍성해지도록 해 주지. 그뿐 아니라 키 큰 나무가 타서 사라지면 햇빛과 빗물이 땅과 가까운 곳까지 닿아서 키가 작거나 어린 식물들이 쑥쑥 자랄 수 있게 되지. 하지만 산불이 오래가고 지나치게 규모가 커지면 자연에 되돌릴 수 없는 상처를 남겨. 심지어는 한 생물 종을 멸종 위기로 몰아넣기도 해. 그런데 지구 온난화 때문에 산불도 태풍처럼 갈수록 거세지고 있어.

과거와…

어떤 식물이 살아가는 데는 산불이 이로운 역할을 해. 그 식물이 타고 남은 재에서 싹을 틔우는 거지. 예를 들어 땅 위에 떨어진 클라우사 소나무 솔방울은 불이 나서 주변 온도가 높아져야 벌어져서 씨앗을 밖으로 내놓아.

해마다 평균 340만 제곱킬로미터의 숲과 초원이 불에 타서 사라지고 있어. 인도만큼 큰 면적이지.

왜 거센 산불이 일어나지 않도록 해야 할까?

 끄기 힘들 정도로 커다란 산불이 나면 생명체들이 살아가던 터전이 파괴되고 수많은 동식물이 생명을 잃지.

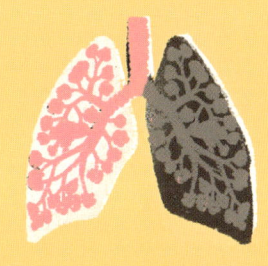 산불이 나면 사람도 집과 건강과 생명을 잃을 수 있어. 산불이 났을 때 뿜어져 나오는 연기를 마시면 폐와 심장이 제대로 기능하지 못해.

 대규모 산불이 내뿜는 연기가 기후에 끼치는 영향에 대해서 많은 과학자가 연구를 하고 있어. 예를 들어 산불이 나면 구름과 비의 양이 줄어든다고 해.

 숲이 불타면 대기에 어마어마한 양의 이산화탄소(CO_2)가 흘러들어 갈 뿐만 아니라, 나무가 더 이상 이산화탄소를 흡수해서 저장해 두지도 못하게 되지.

···현재

2019년에 오스트레일리아에서 일어난 대규모 산불은 대한민국 전체 면적의 1.2배쯤 되는 12만 4000제곱킬로미터의 숲과 초원을 불태우고, 코알라를 비롯해 야생동물 수십억 마리의 생명을 앗아 갔어.

해마다 때가 되면 산불이 자주 일어나곤 하는 지역이 있어. 그런데 기후 변화 때문에 이런 곳의 면적이 점점 늘어나서 지금은 지구 전체 숲과 초원의 최소 25퍼센트나 된대.

산불의 원인

산불이 나는 원인의 90퍼센트는 인간이 만든 거야. 숲에서 불을 피운다거나, 불이 붙은 담배꽁초를 그냥 버린다거나, 지나가던 자동차에서 불똥이 튄다거나 해서 불이 나는 거지. 물론 번개나 화산 폭발 같은 자연 현상 때문에 불이 날 수도 있어. 직접 원인은 아니지만 기후 변화로 인한 기온 상승도 관계가 있어. 가끔은 새가 천적인 설치류나 벌레를 쫓아내려고 불이 붙은 나뭇가지를 부리나 발톱으로 쥐고 옮기다가 불을 퍼뜨리기도 해.

산불의 시작과 끝

1. 불똥(점화)

불이 나려면 세 가지가 꼭 필요해. 이른바 불의 삼각형을 이루는 요소지. 그건 바로 탈 수 있는 연료, 번개나 성냥처럼 연료가 탈 정도로 온도를 끌어 올릴 수 있는 열기, 그리고 불이 피어오르는 데 없어서는 안 되는 산소야.

우리가 할 수 있는 일

불을 낼 만한 물건은 절대로 숲에 버려두지 마. 특히 봄과 가을처럼 건조한 계절에는 더 조심해야 해. 가족과 놀러 가서도 허용된 곳에서만 불을 피우고, 떠나기 전에는 반드시 물을 부어 불을 끄고 불씨가 완전히 죽었는지 확인하도록 해. 산불 조짐이 보이면 곧바로 소방서에 전화해. 혹시라도 산불 현장에 있게 되면 물이 흐르는 곳이나 나무와 풀이 거의 없는 곳을 찾아가서, 물에 적신 옷이나 흙으로 몸을 감싸고 최대한 몸을 낮추도록 해. 그래야 연기를 들이마시지 않을 수 있어. 연기는 위로 올라가는 성질이 있으니까. 그마저도 어려우면 불길이 가장 약한 곳을 찾아가서 이미 불타 버린 쪽으로 건너가도록 해.

2. 불의 확산

불은 바람을 타고 앞으로 나아가면서 마주치는 것들을 태워 버리지. 불꽃의 열기가 불이 나아가는 쪽의 공기를 뜨겁게 데우면 그쪽의 수분이 마르면서 불이 더 쉽게 옮겨붙게 돼.

3. 불 회오리

불이 붙은 물체가 바람에 실려 멀리 날아가 불을 퍼뜨릴 수도 있어. 규모가 큰 불은 자연적으로 강한 불 회오리를 만들기도 하는데, 그런 불 회오리는 시속 160킬로미터나 되는 빠른 속도로 움직일 뿐 아니라 이동 방향을 예측하기도 힘들어.

4. 불 끄기

불을 끄려면 불의 삼각형을 이루는 세 가지 요소 가운데 하나 이상을 없애야 해. 그러기 위해 소방관들은 마른 나무를 비롯한 연료가 있는 넓은 지역에 일부러 불을 내기도 하지. 불이 도착하기 전에 연료를 미리 없애서 불 방어막을 세우는 거야. 소방차나 비행기, 헬리콥터를 써서 물을 뿌리면 열기를 낮추고 산소를 줄일 수 있어.

지금 하고 있는 노력

미국의 천체 물리학자 칼 페니패커는 화재를 재빨리 감지할 수 있는 푸에고(Fuego) 시스템을 개발했어. 푸에고는 적외선 카메라와 센서가 달린 인공위성, 비행기, 드론, 타워를 이용해서 짧은 시간 안에 화재를 찾아낼 수 있어. 스탠포드 대학교의 에릭 아펠은 불붙는 것을 막으면서도 환경에 무해한 화재 억제 젤을 개발하고 있어. 화재 위험이 높은 곳에 화재 억제 젤을 미리 뿌려서 화재가 날 가능성을 없애려는 거지.

59

적게 사고 오래 써야 하는 이유

만들고, 사고, 버리고, 다시 만들고. 사람들은 지구의 자원이 무한하기라도 한 것처럼 물건을 버리는 데 이미 너무 익숙해졌어. 사람들이 1년 동안 버리는 플라스틱을 모두 모으면 무려 2억 4200만 톤이나 돼. 세상에서 가장 큰 동물인 대왕고래 160만 마리와 맞먹는 무게지. 충격적인 사실은 플라스틱 쓰레기가 우리가 버리는 전체 쓰레기의 12퍼센트밖에 안 된다는 거야. 플라스틱 말고도 고무와 가죽(2퍼센트), 금속(4퍼센트), 유리(5퍼센트), 종이(17퍼센트), 음식물(44퍼센트), 위험 폐기물(오염 물질, 가연성 물질, 독성 물질), 방사능 폐기물 같은 온갖 쓰레기가 매일 쏟아져 나와. 문제는 우리가 사용한 자원을 지구가 다시 만들어 내고, 우리가 버린 것을 지구가 처리하는 데는 시간이 필요하다는 사실이야. 지금도 인간이 소비하는 생태 자원의 양(이걸 '생태 발자국'이라고 불러)을 계산해 보면 지구 1.7개 분량이라고 해. 이대로 가면 2050년에는 지구 두 개로도 모자랄 거래. 물론 모든 과학자가 이런 셈법에 동의하는 건 아니지만 적어도 자원 낭비를 줄여야 한다는 점만은 분명해.

과거와…

2019년 7월 29일. 그해에 지구가 제공하는 1년 치 생태 자원을 우리가 모두 써 버린 날이야. 지구가 1년 동안 만들 수 있는 생태 자원을 인간이 모두 써 버린 날을 '지구 생태 용량 초과의 날'이라고 하는데, 1971년에만 해도 12월이 되어서야 찾아오던 이 날이 2019년에는 불과 7개월 만에 찾아온 거지.

인간은 1년에 무려 20억 톤이나 되는 쓰레기를 쏟아 내.

왜 쓰레기를 줄여야 할까?

쓰레기는 온실 효과를 일으키는 기체를 배출해. 야외 쓰레기 매립지에 버려두거나 태워 버리면 피해가 더 심각해져. 가난한 나라일수록 쓰레기를 제대로 처리하지 못하는데, 전체 쓰레기의 39퍼센트 정도만 수거해서 처리하지. 게다가 부유한 나라에서 가난한 나라로 쓰레기를 실어 나르기도 해. 쓰레기를 많이 배출하는 부유한 나라들이 쓰레기 처리 책임을 다른 나라에 떠넘기는 거야.

쓰레기를 쌓아 둔 채 내버려 두면 쥐나 벌레가 모여들고, 그 과정에서 사람에게 질병을 옮길 수 있어. 제대로 처리하지 않은 쓰레기는 땅과 물도 오염시키지.

플라스틱은 바다를 오염시키는 가장 큰 원인일 뿐 아니라 수많은 동물을 멸종 위기로 몰아넣었어.

…현재

전 세계에서 나오는 폐기물 중에서 33퍼센트는 바깥에 쌓아 두고, 25.2퍼센트는 불법 쓰레기 매립지에 방치되고, 13.5퍼센트는 재활용되고, 11.7퍼센트는 관리되는 쓰레기 매립지에 묻히고, 11.1퍼센트는 소각되고, 5.5퍼센트는 퇴비로 사용돼.

비닐봉지가 분해되는 데 걸리는 시간은 500년

유리병이 분해되는 데 걸리는 시간은 100만 년

바나나 껍질이 분해되는 데 걸리는 시간은 6개월

지금처럼 쓰레기를 계속 버린다면, 2050년에는 쓰레기양이 지금보다 70퍼센트나 증가할 거야. 한 해에 34억 톤에 달하는 쓰레기가 쏟아져 나오게 된다는 뜻이지.

일회용 기저귀가 분해되는 데 걸리는 시간은 550년

우유갑이 분해되는 데 걸리는 시간은 5년

캔이 분해되는 데 걸리는 시간은 80~100년

면 티셔츠가 분해되는 데 걸리는 시간은 6개월

담배꽁초가 분해되는 데 걸리는 시간은 10~12년

종이가 분해되는 데 걸리는 시간은 2~5개월

채소가 분해되는 데 걸리는 시간은 5일~1개월

가죽신이 분해되는 데 걸리는 시간은 25~40년

플라스틱병이 분해되는 데 걸리는 시간은 450년

플라스틱병이 재활용되는 과정

2. 운반
플라스틱 용품은 플라스틱 수거용 트럭에 따로 실어서 재활용 쓰레기 선별장으로 보내. 선별장에 도착하면 잠시 쌓아 두었다가 컨베이어 벨트로 옮겨.

1. 수거
사람은 하루에 쓰레기를 0.74킬로그램 만들어 내. 물론 이것은 전 세계 평균일 뿐이고, 미국인은 하루에 무려 4.54킬로그램이나 되는 쓰레기를 내놓는다고 해! 그러니 최대한 많은 쓰레기를 재활용하는 것이 중요해. 플라스틱 분리수거를 실천하는 것부터 시작해 보자.

3. 선별 작업
먼저 쓰레기 봉지를 찢고 안에 든 쓰레기를 꺼낸 다음 구멍이 뚫린 원통에 넣으면 원통이 빙빙 돌면서 크기가 작은 쓰레기가 분리돼. 가벼운 쓰레기는 공기 흡입기를 사용해서 따로 분리해. 적외선 선별기에서 물병으로 많이 쓰는 페트병을 분리해 내면, 바람을 쏴서 페트병만 따로 다른 컨베이어 벨트로 밀어 내. 마지막으로, 그렇게 모인 페트병을 적외선 선별기와 바람을 이용해 다시 색깔별로 나누는 거야. 이런 작업을 기계가 아닌 사람이 직접 하는 경우도 많아.

우리가 할 수 있는 일

못 입는 옷이나 싫증이 난 장난감을 그냥 버리지 말고 친구들과 함께 벼룩시장을 열어 봐. 재미도 있고 친구들이 쓰던 좋은 물건도 얻을 수 있어. 전자 기기가 고장 나면 버리기 전에 고쳐 보고. 고쳐지지 않는다면 버리기 전에 반드시 배터리를 빼서 분리배출 하는 걸 잊지 마. 살고 있는 동네에서는 어떻게 분리수거를 하고 있는지 잘 알아보도록 해. 개별 포장된 간식이나 음식은 되도록 피하도록 해. 그래야 플라스틱 포장 때문에 생기는 쓰레기를 줄일 수 있으니까.

4. 애벌 세척

이렇게 선별한 플라스틱 폐기물은 재활용 회사로 보내져. 이곳에서 플라스틱 폐기물을 다시 통 안에 넣고 뜨거운 물과 수증기로 씻어서 플라스틱에 붙어 있던 라벨 같은 불순물을 제거하지. 그런 다음 다시 한번 적외선 선별기와 금속 탐지기를 이용해 재질이 다른 플라스틱과 금속 성분을 골라내는 거야.

5. 분쇄와 세척

회전하는 칼날이 든 통에 플라스틱병을 넣어서 지름이 20밀리미터쯤 되는 조각으로 잘라. 그리고 물과 세제를 이용해 불순물을 제거하고 탈수기를 이용해 물을 턴 다음 건조기에서 말려. 마지막으로 플라스틱 조각을 지름 6밀리미터 이하의 작은 조각으로 잘게 자른 뒤 먼지를 빨아들이면 돼.

6. 재활용

그렇게 만들어진 플라스틱 조각은 다양하게 다시 쓰이지. 예를 들면 플라스틱병 스물일곱 개로 플리스 재킷을 한 벌 만들 수 있어. 자원을 단순히 한두 번 재활용하는 것을 넘어서, 자원을 생산할 때부터 버려지는 자원을 최소화하고 재활용되는 자원을 최대화하는 쪽으로 움직이는 경제를 '순환 경제'라고 불러.

지금 하고 있는 노력

몇 년 전에 페데리카 베르토키니라는 과학자는 꿀벌부채명나방과 같은 몇몇 나방의 애벌레가 플라스틱 중에서도 가장 많이 쓰이고 처리하기도 제일 힘든 폴리에틸렌을 먹는다는 사실을 알아냈어. 애벌레를 비닐봉지에 넣어 두었더니 구멍을 잔뜩 뚫어 놓은 걸 보고 연구를 한 거지. 꿀벌부채명나방 100마리는 열두 시간 동안 폴리에틸렌 92밀리그램을 먹어 치울 수 있대. 과학자들 가운데는 이런 곤충의 내장에 들어 있는 물질을 만드는 방법을 알아내어 플라스틱 폐기물 문제를 해결하려고 하는 사람도 있어.

감수자의 말

기후는 여러분의 미래입니다

한파에 기절한 바다거북이 구조되어 컨벤션 센터 넓은 곳을 가득 채운 사진을 봤어요. 우리가 엉망으로 만든 기후 때문에 바다거북이 목숨을 잃고 기절한 소식에 너무 마음이 아프고 많이 미안했습니다.

미국 텍사스는 한겨울에도 기온이 영상 10℃ 안팎이던 곳인데 2021년 겨울엔 영하 20℃까지 내려가며 한파가 닥쳤어요. 한파를 대비하지 않았던 발전소의 연료 공급 시설이 얼어붙으면서 전기를 공급할 수 없게 되었죠. 전기가 끊기니 물 공급도 끊어졌고 난방조차 할 수 없었다니 대체 얼마나 고통스러웠을까요? 한파에 미리 대비하지 못한 발전소의 책임도 크지만, 무엇보다 그런 추위는 정상적인 기후가 아니었어요.

그런데 궁금하지 않나요? 지구는 점점 뜨거워지는데 왜 한파가 닥친 걸까요? 이 책은 이런 기본적인 의문에서 시작해 기후와 관련해서 궁금한 것들을 대부분 다루고 있어요. 지구 기온이 오르는 이유는 무엇 때문이고, 기온이 오르면서 어떤 일들이 벌어지는지를 알려 주죠. 지구의 과거 상황과 현재 상황을 비교해 보여 주기도 하고요. 망가져 가는 지구 시스템을 어떤 방법으로 보완하려고 노력하는지 살피며 과학과 기술이 어디까지 발전했는지도 알아봅니다.

그리고 지구가 망가지는 걸 멈추기 위해 어떤 실천을 할 수 있는지도 구체적으로 안내하지요. 가령 뜨거워진 지구를 식힐 방법 가운데 하나가 고기를 덜 먹는 거예요. 새 옷을 사지 않고 친구들과 벼룩시장을 열어 바꿔 입는 일로도 기후 위기를 늦출 수 있고요. 태풍이 왜 거세지는지, 스마트폰이 어떻게 공기를 오염시키고 오염된 공기는 기후와 어떤 관련이 있는지 이 책은 이야기합니다. 바다의 산호와 기후는 어떤 관련이 있는지, 물이 오염되는 것과 기후는 어떻게 연결되는지도 이 책을 통해 배울 수 있습니다.

기후 위기에 관해 정확히 알고 나면 당장 실천할 수 있는 방법들이 손에 잡혀요. 여러분이 알게 된 방법을 어른들에게도 알려 주면 좋겠습니다. 머뭇거리며 실천하지 않는 어른들이 반짝 깨어날 수 있도록 꾸짖으며 함께 실천하자고 꼭 설득해 주길 바랍니다. 왜냐하면 여러분은 미래가 아닌 현재 시민이고, 기후는 여러분의 미래니까요.

최원형